U1073847

档案利用与服务

国家档案局组织编写

中国文史出版社

图书在版编目（CIP）数据

档案利用与服务 / 国家档案局组织编写. -- 北京：中国文史出版社, 2022.5 (2022.6重印)

ISBN 978-7-5205-0322-8

Ⅰ. ①档… Ⅱ. ①国… Ⅲ. ①档案利用—岗位培训—教材②档案工作—社会服务—岗位培训—教材 Ⅳ. ①G273

中国版本图书馆CIP数据核字(2022)第094783号

责任编辑：詹红旗　戴小璇

出版发行：**中国文史出版社**

社　　址：北京市海淀区西八里庄路 69 号　　邮编：100412

电　　话：010-81136630

传　　真：010-81136666

印　　装：廊坊市海涛印刷有限公司

经　　销：全国新华书店

开　　本：710 毫米×1000 毫米　1/16

印　　张：7.5

字　　数：90 千字

版　　次：2018 年 6 月北京第 1 版

印　　次：2022 年 6 月第 3 次印刷

定　　价：32.00 元

文史版图书，版权所有，侵权必究。

文史版图书，印装错误可与发行部联系退换。

《档案人员培训多媒体教材》编审委员会

主　任：李明华

副主任：胡旺林　王绍忠　付　华　刘鲤生

主　编：杜　梅

编审委员会办公室：

杜　梅　刘剑波　刘振华　梁　琨

《档案利用与服务》编写委员会

主　任：黄菊艳

副主任：张中华

主　编：张中华

副主编：钟伦清　钟　鸣

编　委：张中华　钟伦清　钟　鸣

　　　　陈思仲　卢汉明

出版说明

加强档案人员培训是提高档案工作水平的基础。为进一步规范档案人员培训工作，提高档案人员培训质量，国家档案局组织编写制作了《档案人员培训多媒体教材》（以下简称《教材》）。

《教材》以党和国家有关档案工作的政策、法律法规、规定以及档案工作的有关标准、规范为依据，将档案管理工作中的基本原则和技术要求有机结合，充分体现科学严谨、指导规范、立足实际、面向一线。《教材》按照有关档案工作任务的步骤和流程，详细介绍并演示每个工作环节的规范与要求等，指导学习者准确掌握该项工作的基本技能。

《教材》采用多媒体教学演示光盘和纸质载体教材相结合的形式，二者各自独立又互为补充。《教材》以多媒体教学演示光盘为主，重点对实际操作内容进行形象、生动、规范、准确的演示，逐项演示需完成工作任务的具体操作方法、操作要领、操作程序及注意事项等，使学习者直观了解“做什么”“怎么做”“做到什么程度”的问题。纸质载体教材作为演示光盘的辅助形式，进一步说明“为什么这么做”等问题。

《教材》是由国家档案局组织编写的。每个科目采用主编负责制，由制作单位完成编写拍摄，国家档案局《教材》编审委员会对各科教材进行终审。

本教材的使用对象主要是有关档案人员，在编写工作中注重规范性、操作性、实用性，坚持以实际工作需求为导向，以规范和提高岗位技能为重点，使教材易教易学，既规范准确，又通俗易懂。

由于多媒体教材的编写制作时间仓促，教材中难免会有疏漏和不完善之处，敬请各使用单位或个人将使用中发现的问题或建议及时反馈给我们（电话：010—55605241），以便我们修订完善。

国家档案局《教材》编审委员会办公室

2018 年 6 月

目　录

第一章　档案利用与服务概述

做好档案利用与服务工作是档案部门和档案工作者的重要职责。本章主要对档案利用与档案服务的含义与内容、宗旨与原则、地位和作用等内容进行概要性叙述。本章的教学目的是使学员了解档案利用与档案服务的概念以及两者之间的联系与区别，明确档案利用与服务的宗旨与原则，正确认识档案利用与服务的地位和作用。

第一节　档案利用与服务的含义与内容

一、档案利用与服务的基本含义

从本质上来说，档案利用与档案服务是一致的，“档案利用”是一种档案服务，“档案服务”中也有档案利用。本书将档案利用与档案服务分别介绍，一方面是根据档案工作发展的实际，将“服务”放在更加突出的地位；另一方面是想说明“档案利用”与“档案服务”两者之间的联系与区别，虽然从本质上说两者是一致的，但对档案管理部门来说，前者是一种被动的服务，服务的对象一般是明确而具体的，而后者是一种主动的服务，服务的对象往往是相对抽象和不确定的。

（一）档案利用

所谓档案利用，是利用者以阅览、复制、摘录等方式使用档案的活动①。

在档案利用中，档案利用者是主体要素，档案资源是客体要素，两者在具备档案利用的条件要素时，通过档案利用工作系统的中介作用，最终实现档案的利用。一般来讲，在档案利用工作中，档案利用者是主动的，提供档案利用的档案部门是被动的。

（二）档案服务

所谓档案服务，从服务的内容来看，有广义和狭义之分。广义的档案服务包括档案主管部门和各种档案专业机构为各机关、团体、企业事业单位、社会组织和个人提供的与档案工作有关的各种服务工作，如档案法制服务、档案行政服务、档案培训服务、档案技术服务，等等。而狭义的档案服务，则主要指档案部门以馆、室藏档案信息资源开发和建设为重点，以满足社会各方面对档案服务的需求为目的，通过一定的方式和途径主动为社会各方面提供服务的工作。本书主要介绍狭义的档案服务。

一般来讲，在档案服务中，档案部门及档案工作者是主体要

---

① 中华人民共和国档案行业标准：档案工作的基本术语，DA/T 1—2000，国家档案局 2000-12-06 批准。

素，档案资源（某些时候也包含图书资料等信息资源）是客体要素。提供档案及相关工作服务的档案部门是主动的，接受服务的受众是被动的。

档案服务是档案机构适应新形势要求而提出的一种与传统档案利用工作不同的新理念和方法，主动开展档案服务是新形势对档案部门提出的新要求。

二、档案利用与服务的主要内容

（一）档案利用的主要内容

档案利用工作是《档案法》等法律法规和规章赋予档案部门的重要职责，为了做好档案利用，档案部门必须配备相应岗位的工作人员，建立健全相关管理制度，完善档案利用设施设备，开展档案信息资源建设，建立档案检索体系。同时，档案利用工作者要熟悉馆（室）藏档案资料情况，了解档案利用范围的规定，根据利用者需要及时提供档案资料供利用者阅览、复制和摘录或答复档案利用者提出的咨询。

（二）档案服务的主要内容

在做好档案利用工作的基础上，各级档案保管机构还应通过各种途径和方式，主动开展档案服务，不断拓展档案服务功能。常见的档案服务内容和手段有档案展览、公布与开放档案、编辑出版档案文献汇编或档案参考资料、开展与媒体的合作、开展政府信息公开查阅场所服务、建立爱国主义教育基地及学生档案教育社会实践基地开展服务等。

第二节　档案利用与服务的宗旨与原则

一、档案利用与服务的基本宗旨

档案利用与服务工作的基本宗旨是：

充分发挥档案作用，为档案利用者提供及时服务；积极开发档案信息资源，满足社会各方面的利用需求。

首先，要以充分发挥档案作用为目标，面向社会、面向基层、面向群众，及时、准确地做好档案利用工作。

其次，要不断加强档案服务意识，以提高档案工作的效益为宗旨，大力开发档案信息资源，热情、主动地做好档案服务工作。

二、档案利用与服务的基本原则

在档案利用与服务中，应坚持以下基本原则：

一是依法开放原则。各级国家档案馆保管的档案应当按照《档案法》的有关规定，分期分批向社会开放，并同时公布开放档案的目录。

二是简化便利原则。档案馆应当为档案的利用创造条件，简化手续，提供方便。

三是复制品替代原则。各级各类档案馆提供社会利用的档案，应当逐步实现以复制品代替原件。

四是保守秘密原则。保密档案的管理和利用，密级的变更和解密，必须遵守国家有关保密的法律和行政法规。

五是主动及时原则。主动及时地为社会各方面提供档案服务，是新时期对档案工作的新要求。

六是惠及全民的原则。按照以人为本的要求，档案的利用与服务工作必须惠及最广大的人民群众。

第三节　档案利用与服务的地位和作用

一、档案利用与服务的地位

档案利用与服务是兼承档案工作内外关系的重要环节，是档案工作联系社会各方面的重要窗口，也是检验衡量档案工作质量水平的最重要指标。所以，档案利用与服务在档案工作中处于主导和支配的地位。

二、档案利用与服务的作用

档案利用与服务的作用主要表现在：

一是直接体现档案工作的根本目的，代表着档案工作为经济建设、政治建设、文化建设、社会建设以及生态文明建设服务的方向。

二是直接检验各项档案基础业务工作的质量。利用与服务工作的开展，必然要求其他业务环节给予配合，由此获得档案管理的反馈信息，因而可以比较客观地发现基础业务环节工作的问题和优缺点，从而促进档案工作整体水平的提升。

三是档案工作联系社会各方面的窗口，及时了解社会对档案和档案工作的需求，为档案工作带来生机和活力。利用与服务工作建立了档案部门与利用者之间的密切联系，是对档案工作最实际、最有效的宣传，不仅能引起党政领导部门和社会各界对档案工作的重视，而且会在档案的收集、鉴定、展览、宣传等方面得到广泛的协助和支持，扩大档案工作的影响。

第四节　开展档案利用与服务的主要依据

一、法律法规和规章

开展档案利用与服务，是国家有关法律、法规和规章赋予各级档案部门的职责，依法做好档案利用与服务工作，是各级档案部门贯彻落实有关法律、法规和规章要求的具体体现。当前开展档案利用与服务的主要法律、法规和规章有：

（一）《档案法》及《档案法实施办法》

1987 年 9 月 5 日第六届全国人民代表大会常务委员会第二十二次会议通过，并根据 1996 年 7 月 5 日第八届全国人民代表大会常务委员会第二十次会议《关于修改〈中华人民共和国档案法〉的决定》修正的《中华人民共和国档案法》第十三条和整个第四章（第十九条至第二十三条）对“档案的利用与公布”作出了具体规定。如第十三条规定，“各级各类档案馆，机关、团体、企业事业单位和其他组织的档案机构，应当建立科学的管理制度，便于对档案的利用”；第十九条规定，“档案馆应当定期公布开放档案的目录，并为档案的利用创造条件，简化手续，提供方便”。

1999年5月5日国务院批准修订，1999年6月7日国家档案局第5号令重新发布的《中华人民共和国档案法实施办法》第四章对“档案的利用与公布”作出了更具体的规定。如关于“档案开放的起始时间”，关于“档案缩微品和其他复制形式的档案”的效力，关于档案利用的手续，关于“公布档案”的形式，等等，都有明确规定。

（二）《中华人民共和国政府信息公开条例》

2007年1月17日国务院总理温家宝签署发布的国务院第492号令公布了《中华人民共和国政府信息公开条例》（以下简称《政府信息公开条例》）。该条例虽然是针对“政府信息公开”而制定的，但按照我国现行法规和规章的规定，我国政府机关形成的应归档文件材料，应在第二年的6月底前完成归档手续，而在各机关归档的文件材料中，又包含了部分政府公开信息。因此，当涉及到已归档文件中的政府公开信息利用时，各有关机关档案部门应按照《政府信息公开条例》的规定办理。

同时，《政府信息公开条例》还明确指定国家档案馆为“政府信息查阅场所”，这也为各级国家档案馆拓展服务功能提供了依据。

(三)《各级国家档案馆开放档案办法》

1991 年 12 月 26 日国家档案局发布了《各级国家档案馆开放档案办法》。该办法共 17 条，对档案开放手续、开放要求、开放档案利用手续、开放档案复制、开放档案公布等作出了明确规定。如关于开放档案的利用手续，该办法第七条规定：大陆公民持有身份证或工作证、介绍信，可直接到档案馆利用。台、港、澳同胞和华侨如查取本人及其亲属历史证明，可持本人回乡证或身份证等有效证件，直接到有关档案馆利用；利用其他开放档案，须经大陆邀请单位、合作单位或接待单位介绍，提前 30 天向国家档案局或有关档案馆提出申请，说明自己的身份和利用档案的目的与范围以及其它有关情况。外国组织和个人的利用手续按《外国组织和个人利用我国档案试行办法》办理。

(四)《档案馆工作通则》

1983 年 4 月 26 日国家档案局发布了《档案馆工作通则》。该通则“第四章　档案的利用”，对档案馆开放历史档案、档案阅览条件、提供利用档案的手续等方面作出了具体规定。其中第十八、十九、二十条要求：档案馆应积极主动地开展利用工作，并根据党和国家有关规定开放历史档案；设立阅览室，积极改善阅览条件，为利用者提供方便；编制必要的检索工具和开放档案目录，印发档案馆指南等，为各方面广泛利用档案和资料提供方便条件。

(五)《机关档案工作条例》

1983 年 4 月 28 日中共中央办公厅、国务院办公厅发布了

《机关档案工作条例》。该条例对机关档案部门提供利用档案提出了明确要求。如第二十条要求："机关档案部门应根据工作需要，编制必要的目录、卡片、索引等检索工具，编辑档案文件汇集和各种参考资料，积极主动地开展档案的利用工作，为机关各项工作服务，并注意掌握档案的利用效果。"第二十一条要求："机关档案部门应建立档案的借阅制度，根据档案的机密程度，确定不同的利用范围，规定不同的审批手续。"

（六）《企业档案管理规定》

2002 年 7 月 22 日国家档案局、国家经贸委、国家计委发布了《企业档案管理规定》。该规定第十四条要求："企业档案部门应积极做好档案的提供利用工作，努力开发档案信息资源，为企业提供及时、有效的服务。"

（七）《外国组织和个人利用我国档案试行办法》

1991 年 12 月 26 日国家档案局发布了《外国组织和个人利用我国档案试行办法》。该试行办法共 10 条，对外国组织和个人利用我国档案的范围、方式、手续等作出了明确规定。

（八）《各级国家档案馆馆藏档案解密和划分控制使用范围的暂行规定》

1991 年 9 月 27 日国家档案局、国家保密局发布了《各级国家档案馆馆藏档案解密和划分控制使用范围的暂行规定》。该暂行规定是为正确处理保守国家秘密与开放档案的关系而制定的，共十三条，对国家档案馆馆藏涉密档案的解密和已解密及未定密级档案控制使用范围的划分等问题作出了明确规定。

（九）《国家档案局关于严格执行财政部、发展改革委关于取消利用档案收费规定的通知》

2013年7月11日国家档案局印发《国家档案局关于严格执行财政部、发展改革委关于取消利用档案收费规定的通知》（档发〔2013〕3号）。通知称：《财政部 发展改革委关于公布取消和免征一批行政事业性收费的通知》（财综〔2013〕67号）明确将档案部门利用档案收费列入取消的行政事业性收费项目，同时明确“对不按规定取消或免征相关收费的，按有关规定给予处罚，并追究责任人员的行政责任”。全国各级档案部门（含各级各类档案馆）必须严格按照《通知》要求，立即停止所有利用档案收费，不得以任何理由拖延或者拒绝执行。凡未按规定取消相关收费的，将追究责任人员的行政责任。各级档案部门和行业主管部门要按照《通知》精神，积极争取相应的资金支持，协调安排档案部门依法履行职能所需经费，做好财政预算编制工作，确保各项档案业务工作正常开展。

二、标准规范

由于档案利用与服务工作的政策性强，所以涉及的法规制度较多，而有关业务标准和规范方面的文件目前还很少，2005年国家档案局批准发布的《国家档案馆爱国主义教育基地工作规范》（DA/T 34—2005）属于其中的一个。

该标准给出了国家档案馆爱国主义教育基地工作的指南。

本章思考题：

1. 什么是档案利用和档案服务？
2. 档案利用与服务的主要内容和手段有哪些？
3. 简述档案利用与服务的基本原则。
4. 简述档案利用与服务的地位和作用。

第二章　档案利用

档案利用是利用者以阅览、复制、摘录等方式使用档案的活动。要做好档案利用工作，必须具备必要的条件，遵循有关法律法规和政策的规定，通过一定的形式和方式来实现。

本章主要介绍档案利用的条件、规定和方式。本章的教学目的是使学员充分了解开展档案利用应具备的条件，掌握有关档案利用的法规政策规定以及档案利用的具体方式。

第一节　档案利用的条件

档案利用的条件主要包括配备胜任工作的人员，配置阅览场所及其设施设备，建立相关管理制度及档案检索体系。

一、配备工作人员

档案利用水平的高低直接反映在档案工作人员的每一个工作

环节上，因此，各级档案部门都必须配备熟悉馆（室）藏档案资源，掌握检索技术，能熟练操作设备的工作人员来负责档案利用工作，为做好档案利用提供人员保证。

（一）档案利用工作人员的职责

负责档案利用工作的人员，履行以下职责：

1. 热情接待利用者，指导利用者使用检索工具，帮助利用者选择和查找所需要的档案材料。

2. 监督阅览室各项规章制度的实施，维护阅览秩序，认真办理利用和复制档案的有关手续，耐心解答利用者提出的问题。

3. 仔细检查借出与收回时的档案状况，做好与库房管理人员和利用者的档案交接。

4. 登记与统计阅览人数、卷数，收集利用效果。

5. 听取利用者对档案工作的意见和建议，研究利用工作的特点和规律；

6. 负责档案阅览室管理工作。

（二）对档案利用工作人员的要求

档案利用工作人员必须熟悉馆、室藏档案情况，不仅要掌握馆、室藏档案的内容、成分和特征，还要对其存放位置、检索途径等了如指掌，同时能熟练操作各种档案利用设备。

二、配置设施设备

档案利用设施设备是开展档案利用工作的物质条件，即常说的“硬件”。为了保证档案利用工作的正常开展，一般需要配置以下设施：

广东省档案馆阅览大厅

(一) 阅览场所

有条件的单位应设立档案阅览室，并配备阅览桌椅、资料和目录柜架等基本设施。条件差或客观上确实无必要设阅览室的单位，应在档案人员的办公室内辟出相对独立的场地，并配备专用的阅览桌椅，供档案利用者使用。

(二) 复制工具

主要指复印机、晒图机、照相机等可以直接复制、拍摄档案信息的工具。根据各单位实际，可以是档案部门专用，也可以与其他部门合用，以满足日常工作需要为原则。

（三）专用记录纸笔

指事先印制的摘要纸和符合要求的书写笔和墨水。摘要纸应有统一的格式，标明档案馆室名称、查档时间、档案内容摘要及档号、查档人姓名、审查人姓名、档案馆室验章等栏目，供有关人员填写。

（四）有声像档案和档案缩微品的档案馆、室，还应配备录音机、录像机和缩微阅读器

此外，为方便利用者，档案阅览室还可以配备一些必要的辅助参考资料，如中外文字典、辞典、专业工作手册等。

三、制定档案利用制度

为使档案利用工作能够有法可依，有章可循，维护档案利用工作的正常秩序，确保档案的安全，必须建立和完善有关的管理制度，其内容包括：

1. 阅览室接待的对象和进入阅览室的要求。
2. 馆、室藏档案资料的借阅范围和手续。
3. 利用档案须知以及违反须知事项的处罚与处理办法。
4. 档案复制件和摘录内容的管理。
5. 阅览开放时间。

以上制度制定后，应张贴于接待室、检索室、阅览室等场所，让档案利用者全面了解。

四、开展档案资源建设

档案资源是档案利用的客观对象，没有档案资源，档案利用也就无从谈起。因此，要做好档案提供利用工作，必须了解档案资源的形成规律，了解我国档案信息资源的配置情况，搞好档案资源建设，建立科学合理的档案资源结构。

在我国，国家档案资源分别由档案室和档案馆两个系统保管。档案室和档案馆的档案资源的来源及建设各具特点。

（一）档案室档案资源的来源及建设要求

档案室是国家机构、企事业单位或其他社会组织内部设置的集中管理本单位档案的专门机构，是国家档案工作组织体系中最普遍的基层业务机构，也是档案馆工作的基础。档案室随着本单位进行职能活动源源不断产生新的档案，而所保存的档案资源中具有长久保存价值的部分必须按照国家规定移交给国家档案馆保存。档案室保存的档案与档案形成单位的职能活动关系密切，它既是档案形成单位从事各种职能活动的真实纪录，又是其继续开展工作活动的必要条件。因此，档案室档案资源建设的根本要求是：凡依法成立的国家机关、武装力量、政党、社会团体、企业事业单位，都要建立档案室；档案室要将本单位职能活动中形成的有保存价值的各种门类和载体的材料完整、准确、系统地收集归档，保证能真实反映单位活动的历史面貌。

（二）档案馆档案资源的来源及建设要求

档案馆是集中管理特定范围档案的专门机构，是永久保存档案的基地，是提供档案信息为社会服务的中心，也是科学文化事业机构。我国各级国家档案馆的档案资源主要通过依法接收、公开征集和接受捐赠三种方式获得。从档案的来源对象分，又有国家单位、民间组织和个人三种。为了建设科学合理的国家档案馆藏资源，各级档案馆必须依法做好档案的接收工作，广泛开展档案征集工作，积极发动社会捐赠档案。同时，还要科学布局档案馆网，合理安排馆藏结构。

1. 科学布局档案馆网

根据1992年经国务院批准、国家档案局发布的《全国档案馆设置原则和布局方案》，我国的档案馆主要有各级国家档案馆、部门档案馆和企业事业单位档案馆三种类型。

（1）国家档案馆是归口中央或地方各级档案行政管理部门（或与有关部门）直接管理的文化事业或科学技术事业机构。包括综合档案馆和专门档案馆。

综合档案馆是按行政区划或历史时期设置的，收集和管理所辖范围内多种门类档案的档案馆，如中央档案馆、中国第一历史档案馆；专门档案馆指收集和管理某一专门领域或某种特殊载体形态档案的档案馆，如中国照片档案馆，大、中城市设置的城市建设档案馆。

（2）部门档案馆是中央和地方某些专业主管部门所属的，收集管理本部门档案的事业机构，如外交部档案馆。

（3）企业档案馆是企业设置的管理本企业档案的档案馆，如大亚湾核电集团档案馆；事业单位档案馆是事业单位设置的管理本单位档案的档案馆，如中山大学档案馆。

档案馆网的布局和档案的进馆流向是国家档案资源配置的中

心问题，一个适应社会主义市场经济体制、布局科学合理的档案馆网络是实现国家档案资源贮存合理化、管理科学化、利用社会化的基础和条件。

2. 合理安排馆藏结构

合理安排馆藏结构，首先要符合国家档案馆网布局和档案进馆流向的法规政策，在其允许的范围内，主动做好收集工作，不断丰富馆藏，为档案资源的开发利用奠定基础。合理的馆藏结构主要体现在以下两个方面：

（1）馆藏档案质量应优化、数量应充足。馆藏丰富的标准，包括数量和质量的统一。首先要树立“成本—效益”的观念，即收藏的档案是值得付出一定代价去保存的，通过保管和档案资源的开发利用所产生的效益要大于为保存这些档案所付出的成本。对档案潜在价值的正确判断成为提高馆藏档案质量的重要一环。由于历史的原因，我国专业档案馆偏少，私人档案馆几乎没有，现在的综合档案馆的馆藏主要是新中国成立以后党政机关的档案。这些问题的解决有待于改革的深化和社会档案意识的提高。各级各类档案馆多了，需要永久保存的档案就可以归宿到有关的档案馆，同各项事业贴得更紧。那时，不但馆藏档案数量可以增加，而且质量会更加优化。

（2）馆藏档案内容应丰富，应有特色。馆藏档案内容应该具有多样性，以满足利用者多元化的利用需要。地县级档案馆，首先要收藏本地区党政机关形成的文书档案，这是馆藏档案的核心部分，其次还要收藏反映本地区生产建设、经济活动、科学研究、文化教育等活动的档案。从收藏档案的载体形态来看，不仅要收集传统的纸质档案，还应该收集照片档案、声像档案、机读档案等新型载体档案。档案馆藏还应具有地方特色，如收藏本地区的特色产业、文化古迹以及著名人物形成的档案等。

五、完善档案检索体系

建立和完善检索体系，是做好档案利用工作的前提和条件。面对内容庞杂、数量浩繁的档案，如无完善的检索工具，查找档案将如“大海捞针”般困难。

（一）档案检索

所谓档案检索，就是利用档案检索工具，对所需的档案进行查找的过程。通过档案检索，利用者可以了解档案的有关线索（如档案的主要内容、时间、责任者、准确题名、载体形态、档号等），以决定是否调档或为调用档案提供条件。档案检索的任务，是为档案利用者快速、准确、完整地找到自己需要的档案信息或档案实体。

进行档案检索的必要条件：一是要有用于检索的档案检索工具。档案检索工具是由经过选择和压缩的档案信息编制而成的，利用者可以借助档案检索工具，了解馆、室藏档案的内容和特点，并依据检索工具提供的线索调阅档案。二是有明确的检索对象。检索对象是否明确是决定检索工作能否顺利进行的关键，尤其是由档案利用者委托档案人员进行的检索中，利用者必须将自己的需要明确告诉档案人员，否则检索工作将无法进行。

档案检索的一般程序：①明确利用需求→②形成检索表达（提问）→③选定检索途径角度并确定使用检索方式与具体检索工具→④实际检索→⑤完成检索行为并形成检索结果→⑥评价检

索结果→⑦或结束该次检索或进行再次修正、调整、扩展性检索→⑧最终结束检索。

（二）档案检索工具

档案检索工具是用于存储、查找和报道档案信息的系统化文字描述工具，是目录、索引、指南等的统称。档案检索工具既是存储、查找、报道档案信息的手段，也是档案管理与开发利用的重要工具。

档案检索工具有存贮和检索两种基本职能。存贮的过程，也就是编制档案检索工具的过程，它使档案信息由分散到集中，由零乱到系列化。检索的职能，可以使人们按照一定的检索方法，从存贮的线索中找到要查找档案的存址标识，然后取出所要查找的档案。档案检索工具的存贮与检索职能是互相制约、相互依存的。存贮是检索的基础和前提，检索是存贮的应用和反馈。没有存贮，就无法检索，没有检索，存贮也就失去了意义。

按照不同的划分标准，可以将档案检索工具分成不同的种类和形式。比如档案检索工具的种类，按编制方法划分，有目录、索引、指南三大类；按检索手段划分，有手检工具与机检工具两大类；按使用对象分，有公务性与开放性的检索工具；按检索功能划分，有查找性与报道性两种；按检索范围划分，有全宗（或其部分）目录或专题目录等。按其档案检索工具的载体形态，可分为卡片式检索工具、簿册式检索工具、缩微胶卷（片）式检索工具和计算机检索系统。

（三）档案检索体系建设

档案检索体系，是指从不同角度揭示馆、室藏，为满足利用者多方面的需要而建立起来的各种检索工具的体系。它是由一个既各司其职又相互补充的若干检索工具组成的具有一定效率的检索工具整体。建立合理、实用的档案检索体系，是做好档案利用和服务工作的重要基础。

1. 构成一个健全检索体系的条件

一个健全的检索体系，必须具备下列条件：必须由两种以上的不同的检索工具组成；各种检索工具之间有明确分工而又互为补充；能从不同角度去揭示馆、室藏档案的内容和外形特征，可提供较多的查找线索，具有一定检索效率。

2. 建立档案检索体系的要求

档案检索体系必须是一个有效的系统，同时要使手检与机检衔接起来。为此，要掌握好建立档案检索体系的条件性、实用性和专一性要求。

（1）建立档案检索体系，必须依据一定的条件，一切从实际出发。档案馆、室应以类型、规模、任务，收藏档案的特点、利用对象和利用需求为依据，以人力、物力为条件，建立适合本馆、室情况的实用的检索体系。一般说来，规模较大、馆藏丰富、门类繁多的档案馆、室，档案检索工具的种类也相应较多，而规模小、档案数量少的档案馆、室，检索工具也相应较少。

（2）建立档案检索体系，必须以效率为先，讲求方便实用。档案检索体系（尤其对档案馆而言）应是一个多种形式、多种层次、多种结构、相互间既有明确分工又有紧密联系的有机整体，必须注重实用性。同时，还要注意手检与机检的衔接，在著录时，应按照《档案著录规则》的规定进行。

（3）建立档案检索体系，要防止检索工具之间的重复和平行，保持每一检索工具的专一性。为此，应确立以分类目录为主导的档案检索体系，同时正确处理好开放目录与公务目录、分类目录与其他目录以及不同形式检索工具之间的关系，消除检索工具之间的平行和重复，使每一种检索工具都有其独特的检索功能。

（四）常用的档案检索工具

各类档案在整理归档之后，都必须同时编制一套档案的检索工具（实体分类目录），如文书档案的“档案目录”、“归档文件目录”，科技档案的“分类目录”，这些归档时编制的档案检索工具，也是常用检索工具。但这些检索工具的编制方法在其他相关教材和课程里已有介绍，作为系列教材之一，本节只介绍其他相关教材没有介绍的几种常用档案检索工具。

1. 专题目录

专题目录是按照特定专题以一定次序编排而成的一种档案目录。其基本特点是：①系统地揭示档案馆、室某一专门题目的档案内容和成分；②按照一定的题目，把同一主题内容或同一属性的二次文献组合在一起编制而成；③不受案卷、年度、保管期限、全宗的限制，扩大了信息存贮的范围；④按照档案的内容属性分类排列，能全面、系统地揭示出馆、室内有关题目档案的内容和成分，合乎按专题利用档案的规律和特点，适应性较强，检索迅速，查准率较高，特别是按专题大批利用档案时，它更能显示出效能高的优点。它对于档案馆、室系统研究、公布出版专题性档案史料、编写专题指南、专题概要、全宗指南等都能提供重要素材。

专题目录的条目排列必须有一定的条理性、系统性和规律性，编排的方法可以依据实际情况灵活掌握。比如可以先按作者分类，再分别按时间先后排列；也可以先按时间分类，再按照不同作者分别排列。

2. 人名目录

人名目录是档案馆、室将所藏档案材料中涉及的人名及其简要情况著录下来，向利用者提供查找人名线索的一种检索工具。

人名目录可分为综合性人名目录和专题性人名目录。综合性人名目录，是以档案馆（室）的全部档案为对象，将所涉及的人名分别著录成条目，按姓氏字顺组织成的目录。专题性人名目录，是以馆、室藏档案的全部档案为对象，将涉及某一专题的人名著录成条目，按姓氏字顺组成的任免、奖惩、退职、离休等专题的目录。

人名目录条目有简略条目和详细条目两种。简略人名条目，仅著录人名和档号两个项目，实际上是人名索引。详细人名条目，著录项目由两部分组成：第一部分为被著录人的自然情况，包括姓名、性别、出生年月、民族、籍贯、政治面貌、文化程度等内容；第二部分为档号和内容提要。

人名目录的组织可采用汉语拼音法、笔数笔形法、笔形笔数法以及四角号码法。无论采用什么组织方法，都必须将同一人的各个条目集中在一起。必要时，可将同一人的众多条目进行合并，著录成一个条目。

3. 库藏档案存放位置索引

库藏档案存放位置索引（以下简称“索引”），是根据各档案馆、室库藏档案的具体存放位置（如第几号库房、第几号箱柜）而编制的一种档案检索工具。“索引”主要是供档案馆、室工作人员调阅档案时查考的，一般置于档案库房靠近进门口的位置和档案检索室。

“索引”一般用图表或者表格形式编制。其项目设置应根据各档案馆、室的具体情况而定，如有多间库房与只有一间库房和使用档案箱与使用档案密集架的索引，都应该有所区别，档案馆跟档案室也应该有所不同。例如：

××档案馆库藏档案存放位置索引

全宗号	目录号	案卷起止号	年度	存放位置				
				库号	组号	列号	节号	层号

注：此表适用于使用密集架的档案馆。

××局综合档案室库藏档案存放位置索引

箱柜号	类别	年度	目录号	案卷起止号

注：此表适用于使用箱柜的档案室。

“索引”表格编制好之后，再根据各类档案的具体排架情况，分别填入表内，“索引”编制工作即告完成。

4. 全宗指南

全宗指南是向利用者了解全宗构成者（立档单位）及其所形成档案情况的基本工具。又称全宗介绍。根据《全宗指南编制规范》（DA/T 14—2012）的规定，全宗指南的编制方法主要应掌握以下几点：

（1）全宗指南的结构。为段落式条目信息，由全宗指南名称、全宗来源简况、档案内容与成分介绍、检索查阅注意事项四部分组成。

（2）全宗指南名称。由全宗号、全宗构成者的名称（全称或通用简称）、“全宗指南”、起止时间构成，并列成分之间用空格位分开。例：

a）J211 北京市计划委员会全宗指南 1949～1990 年

b）R322 钟南山 全宗指南 1936～2000 年

（3）全宗来源简况。列表登记下列依时间变化，记录和反映全宗来源背景的内容。其顺序为：全宗构成者形成和职能；全宗构成者所有曾用名称；全宗管理机构和全宗档案数量；全宗档案收集、征集、接收、移交、寄存数量。

个人全宗来源简况，登记其个人姓名、别名、生卒年月日、籍贯、职务、职称和个人主要经历、业绩、荣誉称号、家族简况以及全宗档案收集、征集、接收、移交、寄存数量。

（4）档案内容与成分介绍。一般应使用综合概括的方法介绍，内容包括：反映全宗构成者基本职能和主要活动方面的档案；反映全宗构成者每个阶段中心工作或特殊工作所形成的档案；具有重要历史价值和地方特色的档案；涉及具有全国和国际意义知名人物的档案；馆藏年代久远和特殊载体的档案。

档案内容与成分介绍一般应按全宗内档案的实际分类体系，文字叙述全宗构成者基本职能和主要活动的内容，并列举文种名称。

需要专门说明的档案按下列方法介绍：指明该档案文件的名称、责任者和文件形成的时间；列出该档案文件的检索要素；对其档案文件内容单独介绍。

需要注意的是，一般性文件介绍不使用引用原文的方式；与全宗构成者基本职能和活动没有直接关系的上级文件不做介绍，必要时只做简要交代；人物全宗应按全宗构成者的活动特点，结合全宗内档案材料的实际情况介绍；未开放的档案，注明档案数量和使用范围；涉密档案，注明档案数量，不做任何内容和成分介绍；非纸质档案应简介其种类、特色和数量。

（5）检索查阅注意事项。包括检索注意事项和查阅注意事项两方面。

检索注意事项主要有：可使用的检索工具和已编制的参考资料的名称；机读目录、手工检索工具条目的数量；纸质档案数字化副本的画幅数量以及占全宗档案总数比例的情况；纸质档案缩微副本的数量以及占全宗档案总数比例的情况；非纸质档案副本的形式、数量以及占全宗档案总数比例的情况。

查阅注意事项主要有：档案的完整和完好程度以及遗失、销毁的情况；档案的分类与整理方法以及不同载体组卷、装订和保管的情况；档案的利用价值以及鉴定的情况；划分的保管期限种类以及各类保管期限档案的数量；档案内容向社会开放的情况；本全宗指南完成时间和编制者的情况；其他有关问题的说明。

5. 档案馆指南

档案馆指南是全面介绍档案馆基本情况、馆藏档案和资料内容，指导利用者查阅利用档案、资料的工具书。

档案馆指南由提示部分、正文部分和补充部分构成。

（1）提示部分

包括封面、扉页、前言和目录。

封面。封面内容包括指南名称、编著者、出版者。对于厚度超过6毫米的指南，应在书脊上标出指南名称与出版者。

扉页。扉页内容有指南名称、编著者、出版者、指南版本（指修订本、增订本、续编、简本等）和出版年度。

前言。前言的内容包括指南的编著目的和作用、指南框架结构、使用方法、编著指南的简要过程、编著人员和其他需要说明的问题。前言另页排印，结尾落编著馆名和完稿日期。

目录。目录由指南各章节的题目及其所在的页号组成。目录要另页排印，单计页号。

（2）正文部分

是档案馆指南的主体。它包括档案馆概况、馆藏档案介绍和馆藏资料介绍三部分内容。

档案馆概况。包括档案馆历史沿革、馆藏档案综述、馆藏资料综述、汇编出版档案资料情况和利用工作综述五个方面的内容。

馆藏档案介绍。馆藏档案依其实际整理、保管的体系为单位，对档案数量、内容及其特点等分别进行介绍。按立档单位整理保管的档案，应以全宗为单位介绍；按类别、项目等整理、保管的档案，应以相应类项为单位进行介绍。

馆藏资料介绍。馆藏资料介绍的原则是，对馆藏档案有重要补充作用的资料应逐类介绍，对一般性资料不作具体介绍。介绍资料时，应说明资料的类目名称、代号，资料数量、起止年代，重要资料的编纂者和内容。资料内容介绍，应按资料实际分类体系结合资料涉及问题，并参照档案内容介绍方法进行。资料介绍的排列，应按馆藏资料的实际分类体系进行。

（3）补充部分

为了帮助利用者查找和利用指南中的材料，档案馆指南中应有索引、附录和插图等有关参考资料。

索引有人名、地名、机构、事件及专题等索引。

附录一般包括全宗名册、档案资料出版情况一览表、馆藏档案形成单位系统表、开放利用档案规章制度、职官图表、纪年对照表。

插图主要是用以表现馆藏珍贵档案、资料、馆舍建筑以及本馆工作情况的照片，应有图号和文字说明。

第二节　档案利用的规定

涉及档案利用的规定很多，在档案利用工作中，最重要的是了解掌握档案开放和控制范围的规定，档案利用者及其利用档案的规定。

一、档案开放和控制范围的规定

档案开放和控制范围的规定，是涉及党和国家政策以及法律法规的问题，档案利用工作人员必须熟悉了解并严格掌握相关的内容。按照我国现行法律法规[①]的规定，国家档案可分为开放档案和未开放档案两大部分。

（一）开放档案

“开放档案”有两个意思：一是指档案馆将达到一定期限、无须控制使用的档案向社会公开提供利用的活动；二是指依法可以向社会公开提供利用的档案。在我国，向社会开放档案是改革开放之后逐步开展起来的一项工作，并先后出台了一系列法律法规和政策。

经党中央、国务院领导批准，1980 年 3 月国家档案局印发《关于开放历史档案的几点意见》。意见提出：1949 年以前的历史档案，即国民党统治溃灭以前的旧政权档案，除了极少数部分必须加以限制外，拟向全国史学界和有关部门开放；1949 年前的党的革命历史档案，除某些特定部分须限制利用外，拟向搞党史研究的部门开放。1982 年 11 月，中共中央办公厅、国务院办公厅批转了国家档案局《关于开放历史档案问题的报告》，对各

① 本书所引用的《中华人民共和国档案法》如无特别说明均指 1987 年 9 月 5 日第六届全国人民代表大会常务委员会第二十二次会议通过根据 1996 年 7 月 5 日第八届全国人民代表大会常务委员会第二十次会议《关于修改〈中华人民共和国档案法〉的决定》修正；《中华人民共和国档案法实施办法》如无特别说明均指 1999 年 5 月 5 日国务院批准修订、1999 年 6 月 7 日国家档案局第 5 号令重新发布的版本。

地历史档案开放中存在的一些问题提出了解决办法。

1983 年国家档案局颁发的《档案馆工作通则》第十八条规定：档案馆应积极主动地开展工作，并根据党和国家有关规定开放历史档案。1986 年国家档案局发布的《档案馆开放档案暂行办法》（1992 年被国家档案局发布的《各级国家档案馆开放档案办法》替代）第四条首次提出：各级各类国家档案馆保管的档案，自形成之日起满 30 年（除未解密或需要控制使用的部分外），均应分期分批地向社会开放。1987 年颁布的《中华人民共和国档案法》（以下简称《档案法》）第十九条规定：国家档案馆保管的档案，一般应当自形成之日起满 30 年向社会开放；经济、科学、技术、文化等类档案向社会开放的期限，可以少于 30 年；涉及国家安全或者重大利益以及其他到期不宜开放的档案向社会开放的期限，可以多于 30 年。

按照 2008 年 5 月 1 日起施行的《中华人民共和国政府信息公开条例》的规定：行政机关和法律、法规授权的具有管理公共事务职能的组织对涉及公民、法人或者其他组织切身利益的；需要社会公众广泛知晓或者参与的；反映本行政机关机构设置、职能、办事程序等情况的；其他依照法律、法规和国家有关规定应当主动公开的政府信息，应当主动公开。公民、法人或者其他组织还可以根据自身生产、生活、科研等特殊需要，向国务院部门、地方各级人民政府及县级以上地方人民政府部门申请获取相关政府信息。教育、医疗卫生、计划生育、供水、供电、供气、供热、环保、公共交通等与人民群众利益密切相关的公共企事业单位在提供社会公共服务过程中制作、获取的信息的公开，参照本条例执行。由于我国的机关、团体、企业事业单位和社会组织都实行上一年的文件材料第二年归档保存的做法，因此，这些单位的档案部门保存的涉及政府信息公开范围的档案也应视同开放档案。

（二）未开放档案

未开放档案是指依法未能向社会公开提供利用的档案，包括四部分：一是保存在档案馆的自形成之日起未满 30 年的档案；二是自形成之日起满 30 年仍不宜开放的档案；三是行政机关和法律、法规授权的具有管理公共事务职能的组织保存的不属于政府信息公开范围的档案；四是其他机关、团体、企业事业单位和组织的档案机构保存的档案。

1. 保存在档案馆的自形成之日起未满 30 年的档案。这部分档案属于未到期开放档案，依法不开放。

2. 自形成之日起满 30 年仍不宜开放的档案。这部分档案属于虽到期开放但按有关法规和政策仍不宜开放的档案，仍要控制使用。

1990 年国务院发布的《中华人民共和国档案法实施办法》第二十条规定，开放档案中涉及国防、外交、公安、国家安全等重大利益的，以及其他到期不宜开放的档案，其向社会开放的起始时间可以延长到档案形成之日起满 50 年，满 50 年开放仍有可能对国家重大利益造成损害的，可以继续延期开放。

1991 年国家档案局、国家保密局联合发布的《各级国家档案馆馆藏档案解密和划分控制使用范围的暂行规定》第五条规定：各级国家档案馆保存的经济、科学、技术、文化类涉密档案，根据需要认为有必要提前开放的，应当向原档案形成机关、单位发出要求提前解密的通知，有关机关、单位应当在接到通知的6个月内作出答复；未予答复的，档案馆可根据有关规定办理。第七条规定：各级国家档案馆保存的中华人民共和国成立前形成的历史档案，中华人民共和国成立后形成满30年的已解密的档案和未定密级的其他档案，凡涉及下列内容的应当控制使用：

（1）涉及我党和国家重大问题、重大政治事件尚未作出结论的、不宜公开的，对社会开放会影响党内团结、党和国家机关工作正常开展的档案；

（2）涉及各级党和政府领导人及社会各界著名爱国进步人士的政治历史评价及工作与生活中不宜公开的，对社会开放有损个人形象、人格尊严和声誉的档案；

（3）涉及我党和国家秘密工作的组织关系、工作方法、策略手段、情报来源的，对社会开放会使保护党和国家安全与利益的措施、手段的可靠性降低或者失效的档案；

（4）涉及我党和国家及其领导人与外国政党组织及其领导人之间秘密关系的，对社会开放会影响两党、两国正常关系以及其他对外关系的档案；

（5）涉及民国时期敌特机关破坏我党地下组织的，为进行策反纯属捏造的，对社会开放会损害我党和国家及其领导人形象的档案；

（6）涉及领土、边界中敏感问题和战略部署、国防设施、军事要地、军品贸易、军工科研及生产的，对社会开放不利于维护国家主权和领土完整，危害国家的战略防御能力的档案；

（7）涉及民族纠纷、民族矛盾和宗教、统战、侨务工作中内定的方针、政策的，对社会开放会影响民族团结、社会稳定和不利于国家统一的档案；

（8）涉及国内行政区域之间的边界问题，对社会开放后可能激发边界纠纷、影响社会稳定和人民团结的档案；

（9）涉及准确记载风俗民情，对社会开放后可能资敌军事、经济战略，或损害民族形象的档案；

（10）涉及我国科学技术的关键技术、技术诀窍、传统工艺、配方、重要资源的，对社会开放会削弱我国经济、科技实力或使国民经济遭受损失的档案；

（11）涉及与国外科技交流、经济合作、贸易往来、外事工作中内部掌握的政策、策略及对具体事件的处理意见、方案的，对社会开放会使我国在对外活动中处于不利地位或在政治上造成被动、经济上造成损失的档案；

（12）涉及外国在华机构形成的，对社会开放会引起档案所有权纠纷的档案；

（13）涉及著作权、发明权、专利权的，对社会开放会造成侵权诉讼并有损国家利益的档案；

（14）涉及尚有法律效力的中外产权、债权，对社会开放会引起外事纠纷并有损国家利益的档案；

（15）涉及司法、监察、纪检及组织人事工作中对有关人员违纪违法的调查与具体审理情况的，对社会开放会造成不良政治影响或不利于审理人员及举报人等人身安全的档案；

（16）涉及公民隐私的，对社会开放会损害公民声誉和权益的档案；

（17）涉及台、港、澳同胞和海外华侨中爱国进步人士的，对社会开放会损害其声誉和权益的档案；

（18）涉及民国时期军、警、宪、特组织及人员方面的，对社会开放在一定时期内可能对某些方面带来不良影响的档案；

（19）机关、单位及个人移交、捐赠、寄存档案时明确提出不能开放的档案；

（20）除上述范围外，其他影响党和国家利益的档案。

3. 行政机关和法律、法规授权的具有管理公共事务职能的组织保存的不属于政府信息公开范围的档案，以及教育、医疗卫生、计划生育、供水、供电、供气、供热、环保、公共交通等与人民群众利益密切相关的公共企事业单位保存的不属于参照《政府信息公开条例》中应公开范围的档案。

4. 其他机关、团体、企业事业单位和组织的档案机构保存的档案。这部分档案一般不对社会开放。其主要依据：一是1983年中共中央办公厅、国务院办公厅发布的《机关档案工作条例》第四章第二十一条规定：机关档案部门应建立档案的借阅制度，根据档案的机密程度，确定不同的利用范围，规定不同的审批手续。机关档案部门保管的档案，是现行档案，主要供本机关和上级主管机关使用，不属于开放范围。对外提供利用需经上级主管机关批准。二是《档案法实施办法》第四章第二十二条第五款规定：机关、团体、企业事业单位和其他组织的档案机构保存的尚未向档案馆移交的档案，其他机关、团体、企业事业单位和组织以及中国公民需要利用的，须经档案保存单位同意。

二、档案利用者及其利用档案的规定

（一）档案利用者的划分

按照我国现行法规和规章的规定，可以将档案利用者分为三类：一是中国大陆公民和组织；二是中国台、港、澳同胞和华侨；三是外国组织和个人。由于利用者身份的不同，档案馆、室既要热情服务，又要注意掌握政策，区别对待，在维护国家和人民利益的前提下，做好档案信息服务的工作。

（二）各类利用者利用档案的范围

1. 中国大陆公民和组织，可以利用各级国家档案馆的已开放档案，经有关档案馆或档案保存单位同意，还可利用档案馆保存的未开放档案以及机关、团体、企业事业单位和其他组织的档案机构保存的尚未向档案馆移交的档案。

2. 中国台、港、澳同胞和华侨，可以直接到有关档案馆查取本人及其亲属历史证明，可以利用各级国家档案馆的已开放档案。

3. 外国组织和个人，可以利用各级国家档案馆的已开放档案。

（三）各类利用者利用档案的手续

《中华人民共和国档案法实施办法》对各类利用者利用档案的手续分别做了规定。

1. 中国大陆公民和组织

（1）利用各级国家档案馆保存的已开放档案，只须持有介绍信或工作证、身份证等合法证明（只须其中一种），可直接到档案馆办理借阅手续。

（2）利用档案馆保存的未开放档案，须经保存该档案的档案馆同意，必要时须经有关的档案行政管理部门审查同意。

（3）利用机关、团体、企业事业单位和其他组织的档案机构保存的尚未向档案馆移交的档案，本单位利用者利用一般的档案，可直接办理借阅手续，需控制使用的档案须经有关负责人批准；外单位利用者如需利用，须经档案保存单位领导人批准。

2. 中国港、澳、台同胞和华侨

（1）查取本人及其亲属历史证明，可持本人回乡证或身份证等有效证件，直接到有关档案馆利用。

（2）利用其他开放档案，须经大陆邀请单位、合作单位或接待单位介绍，提前30天向国家档案局或有关档案馆提出申请，说明自己的身份和利用档案的目的与范围以及其他有关情况。

3. 外国组织和个人

（1）根据与我国各级政府及其工作部门签订的有关文化交流协定而利用我国各级国家馆的档案者，可通过签订协定的我国有关部门介绍，向有关档案馆提出申请。

（2）以其他途径利用中央级和省级国家档案馆档案者，可向国家档案局或有关档案馆提出申请；利用地区级和县级国家档案馆档案者，可向国家档案局或有关省（自治区、直辖市）档案行政管理部门提出申请。

（3）除为查取本人及其亲属历史证明而利用档案外，申请皆应提前30天送到。

各级国家档案馆保存的档案，利用者如需复制，必须填写复制申请单，经馆长批准，并由档案馆负责办理。

第三节　档案利用的方式

《档案法》所称档案的利用，是指对档案的阅览、复制和摘录。在此，我们对这几种利用方式分别进行简要介绍。

一、档案阅览

档案阅览是档案利用中最传统也最常见的方式，可以通过利用者到馆、室内阅览和档案外借等途径来实现。

（一）馆、室内阅览

馆、室内阅览即利用者到档案馆、室，在档案馆、室为利用者专门设置的阅览场所阅览档案、资料。根据需要，档案馆、室可给利用者提供档案原件，也可以提供档案复制品。馆、室内阅览是目前档案提供利用的主要途径，尤其是提供档案原件利用一般都应在馆、室内进行。

为了满足利用工作的需要，又能有效地保证档案的安全，在档案馆、室设立阅览室是十分必要的。开展馆、室内阅览服务时应注意以下事项：

1. 对于特别珍贵的或具有特殊意义的档案，以及已遭破坏、残缺不全、纸张脆化的档案，应提供它们的复制件以保护原件。

2. 利用者要按规定进行借阅登记。

3. 不能让利用者将档案带出指定的阅览场所。

4. 要加强监管，防止利用者损毁、涂改档案。

（二）外借阅览

在某些特殊情况下，经过批准并办理有关手续，利用者将档案材料带出馆、室外阅览，叫做外借阅览。外借阅览也是以档案原件提供利用的一种方式。必须说明的是，外借阅览一般发生在档案室或企业事业单位档案馆，且不应成为档案利用的常态。

1. 外借阅览的控制

（1）外借对象控制。外借阅览必须严格控制借档单位和外借目的，非公务需要不能外借，能到馆、室内利用的一般不要外借。

（2）外借原件控制。有档案复制件的尽量不借原件，馆、室藏重复的档案可适当放宽；特别珍贵与残破易损的常规文件、古稀文件、照片、影片、录音带、录像带等原件不能外借。

（3）外借利用控制。外借阅览的档案只供利用者阅览，应禁止利用者私自复制。

（4）外借时间控制。档案外借使用的时间不宜过长，到期未还的应当催还。确因工作需要，需延长借用时间的，应到档案馆、室说明情况并办理续借手续。

2. 外借阅览的手续

外借阅览应有严格制度和完善的批准手续。无论是领导还是一般工作人员借阅档案材料，或机关内部各业务部门借阅本单位档案，都必须填写借阅单，履行签收手续。外机关借阅档案材料，应持有介绍信及经办人个人身份证明，并填写借阅单，写明借阅人身份，借阅目的、范围，借阅期限和使用方法，经批准后方能借出。

二、档案复制

利用复印、缩微摄影、磁盘拷贝、复写、印刷等手段生成内容与档案原件相同的复制品的技术和方法称为档案复制。

（一）复制利用的手续

利用者在档案馆或档案室利用档案时，如果需要对档案进行复制，须向档案保管单位提出申请，经批准后，由档案保管单位工作人员进行复制后交档案利用者，并按规定收取一定费用。

外国组织和个人复制档案和以函电等方式利用档案，需按档案馆规定，交纳有关费用。外国组织和个人复制档案，必须填写复制申请单，经馆长批准，并由档案馆负责办理。复制档案的内容、数量，由各档案馆酌情决定。

（二）档案复制件的效力

《档案法实施办法》第二十一条规定："各级各类档案馆提供社会利用的档案，应当逐步实现以缩微品代替原件。档案缩微品和其他复制形式的档案载有档案收藏单位法定代表人的签名或者印章标记的，具有与档案原件同等的效力。"第二十三条还规定"公开出售、散发或者张贴档案复制件"和"展览、公开陈列档案或者其复制件"都属于公布档案的形式。

（三）档案复制件的管理

1. 禁止私自携运出境

《档案法》第十八条规定："属于国家所有的档案和本法第

十六条规定的档案以及这些档案的复制件，禁止私自携运出境。”而“第十六条规定的档案”是指“集体所有的和个人所有的对国家和社会具有保存价值的或者应当保密的档案”。《档案法》第二十五条还规定：“携运禁止出境的档案或者其复制件出境的，由海关予以没收，可以并处罚款，并将没收的档案或者其复制件移交档案行政管理部门；构成犯罪的，依法追究刑事责任。”

2. 可以在研究著述中引用

外国组织和个人摘抄、复制的档案，如不违反我国有关规定，可在研究著述中引用，但不得擅自以任何形式公布。在著述中引用档案内容，均应注明档案的收藏单位和档号。档案馆鼓励利用者向其赠送利用档案撰写的著述或其他学术成果。

3. 赠送、交换、出卖档案复制件的审批

（1）提出申请。《档案法实施办法》第十八条第三款规定：“各级各类档案馆以及机关、团体、企业事业单位和其他组织为了收集、交换中国散失在国外的档案、进行国际文化交流，以及适应经济建设、科学研究和科技成果推广等的需要，经国家档案局或者省、自治区、直辖市人民政府档案行政管理部门依据职权审查批准，可以向国内外的单位或者个人赠送、交换、出卖档案的复制件。”据此，携运档案复制件出境的单位可向国家档案局或者所在省、自治区、直辖市人民政府档案行政管理部门提出书面申请。向广东省档案局提出申请时，申请人需同时提供以下材料：

①申请书；

②申请单位介绍信；

③受让单位或个人出具的意见书（中文或含中文译文）；

④档案的复制件。

（2）受理。

①受理部门。广东省档案局综合法规处依照法定的权限、范围、条件和程序负责办理“向国内外的单位或者个人赠送、交换、出卖档案的复制件”的审批事宜。

②受理。综合法规处接到申请材料后，即时受理，并填写档案行政许可申请材料接收凭证和档案行政许可受理通知书。

（3）审查决定。对申请材料进行审查后依法作出行政许可决定。

（4）期限与送达。综合法规处自受理行政许可申请之日起10日内作出行政许可决定。

作出准予或者不予行政许可决定，自作出决定之日起5日内向申请人送达准予行政许可或者不予行政许可的书面决定。

行政许可文件可以通过邮寄、公告等方式送达申请人。

三、档案摘录

（一）档案摘录的基本含义

所谓摘录，有动词和名词两种词义。作为动词时，指选择需要的部分记下来，如从那本书中摘录了几个有趣的故事；作为名词时，指选择抄录下来的文字，如资料摘录。

作为法定的档案利用方式之一，摘录主要是指在阅览档案的过程中，选择将需要的档案内容抄录下来的行为，简而言之，可称为“摘录档案”，而通过摘录形成的记录则可称为

“档案摘录”。

按照有关法律法规的规定，“摘录档案”须经档案保管单位批准，其所形成的“档案摘录”的管理也要按照上述档案复制件管理的有关规定进行。

（二）档案摘录的应用

由于现代复制技术的普遍应用，在实际工作中，已很少有利用者采取摘录这种方式来利用档案了。但是，有时候档案部门在出具档案证明时，还会采用档案摘录的方式。

所谓档案证明，是依据档案的记载出具的凭证性文件。档案证明只向申请者证明某一事实在档案中有无记录及如何记录，而不对该事实下结论或赋予某种权利。

随着《中华人民共和国档案法》的公布，档案越来越广泛地用于保障公民的合法权益。档案馆（室）可据利用者个人申请，并经领导的批准，向公民及其监护人、赡养人提供档案证明。包括姓名（曾用名）、出生年月日、学历、婚姻、兵役、工龄、工资、任职、党派、奖惩等状况的内容。

档案证明的内容必须真实、准确。档案证明应依据档案文件的正式文本所含内容来编写，以保证其有效性。在档案证明中，要注明援引文件的标题（或文号）、日期；对档案文件不全文照录，但允许带引号的文件内容摘录；叙述按事物、人物活动的时间顺序进行。档案馆、室只向申请者叙述档案记载，而不对档案内容作评论与解释；与申请书无关或未被获准证明的内容不准列入档案证明中。对于同一问题档案中的记载各有不同时，应把这些不同的记载列入档案证明中。

四、档案信息咨询

咨询服务是档案馆、档案室答复询问、指导和帮助利用的活动。如在提供利用、接待利用者的工作过程中，答复利用者提出的有关档案内容、档案专业知识、档案工作规章制度和档案检索途径与方法等。

（一）咨询服务的范围

咨询服务的范围一是解答询问，二是协助检索，指导使用检索工具，提供查找线索。总之，咨询工作是针对利用者的询问，根据档案或资料记载内容进行答复，但不作任何分析研究与评价。

（二）咨询服务的种类和内容

从形式分，可分为口头咨询和文字咨询两种。口头咨询是档案工作者通过与利用者交谈（直接交谈或电话交谈）来解答利用者的询问；文字咨询是档案工作者通过文字（如书面复函或网上答复）来解答利用者的询问。

从内容分，可分为事实性咨询和专题研究性咨询两类。事实性咨询是利用者为了解决某一特定问题而提出的询问；专题研究性咨询是利用者因进行某项工作、某项研究或为完成某项任务，急需某方面的有关材料而进行的咨询。

此外，档案馆、室还可根据社会利用档案的实际需要对利用者进行有关利用档案方法的宣传、辅导，解答他们利用档案中的问题。这种咨询，可视为一般性咨询。

（三）咨询服务的步骤和要求

1. 接受咨询。根据咨询者提出的询问，了解并审查利用者提出询问的目的、内容、范围、要求及其深度和广度，然后确定是否需要回复。凡属马上能答复的询问，应立即答复；一时难以答复的，可记录下来，进一步作复询工作。

2. 查找档案。对于已决定需要回复的询问要明确档案的查找范围，并进行档案的查找。

3. 答复咨询问题。根据利用规定和咨询者的需要可采用直接回答、提供原件、提供原件复制本或介绍检索方法等。

4. 建立咨询档案。对已作回复的询问应建立咨询档案。咨询档案应记录利用者（利用单位）询问的内容，档案馆、室回复的方式、内容、结果等。

本章思考题：

1. 开展档案利用应具备哪些条件？
2. 我国档案法规对档案开放和控制范围有何规定？
3. 我国现行法规和规章对档案利用者及其利用档案有何规定？
4. 《档案法》所称的档案利用是指什么？
5. 开展馆、室内阅览服务时应注意些什么？
6. 档案复制件有何效力？

第三章　档案服务

本章所讲的档案服务，主要指档案部门以开发馆、室藏档案信息资源为重点，以满足社会各方面对档案服务的需求为目的，通过一定的方式方法主动为社会各方面提供服务的工作。这是档案部门适应新形势要求而提出的一种与传统档案利用工作不同的新理念，也是新形势对档案部门提出的新要求。

本章主要介绍档案服务的基本定位、措施方法以及档案服务领域的拓展与服务手段的创新。本章的教学目的是使学员准确把握服务的基本定位，掌握档案服务的措施方法，了解当前拓展档案服务领域、创新服务手段的方法与技巧。

第一节　档案服务的基本定位

加快推进以改善民生为重点的社会建设，努力使全体人民学有所教、劳有所得、病有所养、住有所居，推动建设和谐社会，是我国改革发展关键阶段社会建设的重点内容和战略目标，也是档案工作服务党和国家工作大局的重要切入点。

一、服务基层和民生

针对档案工作服务基层和民生意识不强和措施不力的特点，要把档案服务工作的着力点放到基层，放到与民生相关的各项工作中去，满足基层民众以及各项民生工作对档案的需要。比如，要深入推进农业农村档案工作，在服务社会主义新农村建设上下功夫；加强社区档案工作，倡导家庭建档，完善出租屋管理档案，把档案工作做到社区，让档案服务渗透到居民生活之中；整合各类民生档案资源，使档案工作的成果更多体现到服务民生、改善民生上来。

二、服务社会和大众

以习近平新时代中国特色社会主义思想统领档案工作全局，为构建和谐社会提供档案服务支撑。不断拓展档案服务领域，深化细化档案服务能力，做到和谐社会建设推进到哪里，档案服务就跟进到哪里。既要建立覆盖人民群众的档案资源体系，又要建立方便人民群众的档案利用体系。充分挖掘馆藏档案资源，为和谐社会建设提供高效优质的服务。

比如要深化已公开现行文件利用工作，进一步为广大群众查阅政府信息提供方便，依法保障公民对党和国家政策法规和其他政务信息的知情权；主动做好档案为社会保障、环境保护、劳动就业工作服务，尽最大可能为全社会、为最广大的人民群众提供服务等。

三、服务经济和大局

发展经济、提高我国的综合国力，仍然是我国今后相当长时间内的战略目标，档案服务工作必须围绕党和国家的大政方针阶段性特点来开展，也必须在立足全局的同时关注中心与重点，为此，要大力推进与经济发展密切相关的档案工作，要坚持把服务经济发展作为档案工作的重心，密切关注经济发展的重点、热点和难点问题，将档案工作推进到经济发展的新领域、新项目，着力为经济发展提供坚实的保障。

第二节　档案服务的基本措施及主要方法

一、汇编档案文献

（一）档案文献汇编的概念及特点

档案文献汇编是根据一定的需要，按照确定的题目，收集并选择具有参考价值的档案文献，依据一定的体例和要求进行加工编排，成为彼此间具有内在联系的一个有机集合体。

档案文献汇编的基本特点是：它忠实地转录了档案文献原文，保持了档案文献的原貌，属于一次文献的汇集。向读者提供原文是档案文献汇编的基本编纂宗旨。

根据提供利用范围的不同，可以将档案文献汇编分为公开出版和内部使用两种。公开出版的一般是档案史料汇编，主要是为历史研究、编史修志提供档案史料，多由档案馆编纂；内部使用的一般是档案文件汇编，主要是为实际工作提供仍具有现行效用的某些档案文件，多由档案室或业务部门汇编。

（二）档案文献汇编的基本结构

不论是档案文件汇编，还是档案史料汇编，其结构一般都应包括汇编题名、编辑说明、序言、目录、正文和附录等六个部分。其中，汇编题名、编辑说明、目录和正文是每一部文献汇编的必要组成部分。

1. 汇编题名。即是汇编的书名，它是档案文献汇编内容的准确概括和揭示。档案文献汇编是一种材料书，它的书名拟写与一般书籍的书名有所不同。

2. 编辑说明。一般位于扉页之后。主要是介绍汇编内档案文献的状况和编辑加工情况，目的是为了帮助读者阅读和利用汇编内的档案文献。

3. 序言。一般置于正文之前。汇编的序言是编者向读者作的总评述和说明，以指导和帮助读者阅读汇编。

4. 目录。档案文献汇编的目录是按汇编的编排体例和档案文献的排列顺序，列出汇编内所有章、节、项、目或档案文献的标题，指明其在汇编中的准确页次。

5. 正文。一般放在目录之后，正文是档案文献汇编的主体。它是由经过挑选、加工的档案文献按一定体例和方法编排而成的。有的分章节、项目，有的不分。

6. 附录。主要包括年表、插图、索引等类对利用汇编内档案文献有辅助作用的材料。

（三）档案文献汇编的辑录形式

档案文献编纂工作所产生的成品，有些是公开出版，有些是作为内部查考的。凡是无须保密的、史料价值比较大的，经过批准，均可根据档案文献数量和内容的情况，采取不同的辑录形式，向社会公布。其辑录形式主要有以下三种：

1. 全录式

就是将入选的档案文献的全文完整地编纂公布的辑录形式。一般来说，档案文献编纂都应该采用全录式，为读者提供档案全文。如个人全集、选集、重要文件汇编、政策法令汇编等，都是采用全录式进行编纂的。这种形式，可以向读者提供档案文献的全文，研究工作者和具体执行政策的党政机关干部，最需要这种形式的汇编。

2. 节录式

是把档案文献中与阐明题目有关的章节或部分完整地采用，而其余的章节或部分予以删略的辑录形式。如《毛泽东论调查研究》、《清实录经济史料辑要》等都是节录式文献汇编。

节录式的优点是，取材扣题紧密，精练而不冗繁，便于读者利用查考。但必须注意两点：第一，要全面把握档案文献的内容实质，防止断章取义，特别是对经典作家的文章的节录尤应慎重；第二，要扣紧主题，防止牵强附会，否则就失去了节录的意义。

3. 摘录式

又称集纳式，即将档案文献中与汇编题目有关的完整段落或语句一一摘录出来，分别纳入出版物各章、节、项、目之中的辑录形式。这种辑录形式篇幅精练，要点集中，排列细腻，检索方便，可作为研究中把握线索、构思长编的参考。但是，如果编者无较高的政治和学术水平，在摘录时就容易出现牵强附会、断章取义的现象。因此，严肃的治学人员是不会仅凭摘录的文献来进行研究工作的。对档案文献出版物来说，当读者不便于根据摘录所注出处直接查找档案全文时，最好不用摘录形式。

全录、节录、摘录三种形式，在一部汇编里可以单独使用，也可以多种形式结合使用。

（四）档案文献汇编工作的基本步骤与方法

档案文献汇编工作大体可分为确定汇编的题目，查找和挑选材料，正文的加工和编排，编写汇编内参考材料等几大步骤。各个步骤互相联系，前后衔接。下面按顺序逐一介绍。

1. 确定题目

档案文献汇编是从选题开始的。由于档案馆、室保存的档案文献内容是极其广泛的，社会对档案资料的需求也是多方面的。这样，究竟要对哪些档案信息进行编研，自然应该有所选择，这就是通常所讲的选题。

在确定档案信息编研的选题时，应充分考虑以下几方面的因素：

（1）选题方向。为社会主义建设事业服务，是《档案法》赋予我国档案工作的职责。作为档案工作重要组成部分的档案信息编研，必须坚持为社会主义各项事业服务这一大方向。要坚持这一选题方向，就应当使选题符合党的各项方针政策，符合国家的法律法规，并且能够满足长远与现实的需要，使之在社会主义物质文明、政治文明、精神文明和生态文明建设中发挥应有的作用。

（2）选题依据。选择档案信息优化的题目必须依据两个条件：客观条件和主观条件。从客观条件看，一是要有客观需要，二是要有档案文献基础，二者缺一不可。如果没有一定的客观需要，就根本不需要对那个题目进行优化；如果仅有客观需要而无档案文献基础，所选题目将成为“无米之炊”。所谓客观需要，可从五个方面来考虑，即选题的现实性、战略性、新颖性、预见性和计划性；所谓档案文献基础，是指不同级别、不同地区、不同类型的档案馆、室，保存档案文献的内容、成分不同，选择档案信息优化的题目时，应从本馆、室库藏的档案文献内容考虑，注意发挥各自的馆、室藏优势，将那些客观上急需、档案材料丰富的题目奉献给读者。从主观条件看，还要考虑实现选题所应具备的编辑和编写力量。

（3）选题角度。在具备了选题的依据之后，还可以从不同角度获取不同种类的具体题目，并由此确立进行档案信息优化的选题。选题的角度一般有以下几种：①从反映某一历史人物活动的角度选题，如《郑成功档案史料选集》、《林伯渠日记》；②从反映某一历史事件的角度选题，如《太平天国史料》、《五四爱国运动档案资料汇编》；③从反映某一问题的角度选题，如《中国近代经济思想史料》、《水乡的希望——顺德农村经济体制改革发展资料汇编》；④从反映某一机构的职能和任务的角度选题，如《新会县行政区域沿革参考资料》、《北京电车公司档案史料》；⑤从反映某一会议活动的角度选题，如《恩平市（县）

历届人民代表大会文件选辑》、《中共揭阳市历次代表大会汇编》；⑥从反映某一重要文件的角度选题，如《中华人民共和国法规汇编》、《广东医学院工作总结汇编》；⑦从反映某一地区某一方面情况或内容的角度选题，如《揭阳县土地改革运动资料汇编》、《江门市区公园及小区古树名木情况汇编》。根据需要，以上七种选题角度还可结合运用。

在全面考虑选题方向、依据和角度之后，应根据题目的拟写要求，最后将选题的具体名称拟写出来。

档案文献汇编选题名称拟写的一般要求是：① 准确概括和揭示编纂成果的内容；②准确揭示编纂成果内容、时间和地区范围；③准确揭示编纂成果内材料成分和反映取材的详略。

2. 查找、挑选材料

档案文献汇编实质上是档案文献的排列，因此档案文献的查找和挑选是保证汇编质量最重要的一关。

① 查找原则。查找档案文献时，必须遵循“全面查找，宁多勿漏，博约得当”的原则。

② 查找方法。第一，查找与汇编有直接联系的全宗或机构的档案；第二，查找与汇编有间接联系的全宗或机构的档案；第三，查找与汇编有关的其他材料。

③ 档案材料的挑选。编纂档案文献汇编，选材既要真实，又要完整全面。因此在选材时，必须注意以下几个基本要求：第一，去粗取精，注意典型材料的选用；第二，去伪存真，注意真实材料的选用；第三，由此及彼，注意不同材料的结合选用；第四，由表及里，注意材料说明的本质问题；第五，依据题目的不同性质，区分取材的界限与标准。

3. 档案文献的加工

所谓档案文献加工，亦称编者加工、编辑加工，是由编者按照一定的原则和方法，将档案文献的信息内容如实地转移到其他载体上去，并对档案文献的文字、符号、图形以及格式等外形特征进行必要的技术性处理，恢复档案史料的原意和本来面貌，使之更符合现代人的阅读习惯的一项工作。加工工作的根本目的是为了保证档案文献的可据性和可读性，以方便读者的利用。

①加工原则。

存真原则——维护档案信息内容的历史真实，忠于档案文献的原文原意，不可妄行增删改易。

求实原则——认真研究，勤于考校，力求转达加工的准确无误，最大限度地符合或接近档案文献的客观实际。

慎改原则——多闻阙疑，慎于下笔，凡改无确据及可改可不改者，不可强改。

标注原则——凡经编者加工改动之处，均须以符号或文字标示说明，必要时还应交代加工改动的原因和依据，不可径直改动。

护档原则——加工必须在复制件或抄件上进行。

②档案文献加工的内容和方法。

A. 原文的删节。在以下情况下可以对档案文献原文进行删节：一是文件内容大量重复的；二是文件中有与汇编主题无关的内容且文字又较多时；三是文件中有部分内容不宜公布时。对档案文献原文进行删节，要注意保持文件内容和语句的相对完整，不能把文献原文搞得支离破碎，更不能借口删节而拼凑字句，歪曲原意。同时，对删节之处，还必须标注分明。

B. 文字的校正与恢复。档案文献在制成、翻刻和保管过程中，往往会出现讹、夺、衍、倒，文字缺损和字迹剥蚀等情况。编者应在认真查考和研究的基础上，对其加以校正与恢复，为了使读者能把档案文献的原来面貌与编者的加工之处区别开来，编者不能径改档案文献，而要通过相应的加工符号予以说明。

C. 档案文献的标点与分段。中华人民共和国成立以前的档案文献，多数既无标点又不分段，少数有标点的也因标点符号过于简单，不能准确表达句子的结构关系。因此，在汇编和公布这些档案文献时，编者应对其进行重新标点和分段。

D. 文件批语、标记、格式的处理。文件批语主要指收阅人员在文件上所写的各种眉批、行批和夹批之类。普通人物所写、内容又无关紧要的批语一般不必保留。但某些重要人物或知名人士所作的批语，有的关系到文件能否有效，有的是对某一问题的指示，有助于利用者对事件的重要程度和适用范围、时间等的了解，应该照转。

E. 档案文献标题的修改和拟制。档案文献标题的修改和拟制，包括对原有标题的处理和对原无标题的文献拟制标题两个方面。原标题结构不全或题目含蓄时，要改拟结构齐全、主题鲜明的标题。新拟标题，要准确地揭示文件内容，鲜明地体现编者的立场、观点和思想倾向，要用精练的语言文字概括丰富的内容。改拟和新拟档案文献标题以及改拟前的原有标题都要在注释中加以说明。

4. 档案文献的编排

包括确定汇编体例、档案文献的科学归类。编排的目的是把汇编内的档案文献按一定原则组成为一个具有一定逻辑联系的有机整体，从而固定每份档案文献在汇编中的位置，便于系统反映题目内容，也便于读者查找和利用。

A. 档案文献汇编的体例。就是指汇编内档案文献分类与排列的组织形式。按不同分类特征划分，有阶段法、问题法、地区法、作者（或通讯者）法、文种法、时间法六种体例。其中按时间组织编排文献是档案文献汇编中最常用也最基本的一种体例。

按设类层次的繁简程度来划分，有不设类编排、单层分类编排和多层分类编排三种体例。不设类编排，是将汇编内的全部档案文献按其形成时间顺序依次排列。单层分类编排，是将汇编内的档案文献先按一种属性进行分类，每类档案文献再按形成时间顺序依次排列。多层分类编排，是将汇编内的档案文献按几种不同属性逐级分层设类，分两级乃至三四级不等。各类级有的称章、节、项、目，有的称类、属类等。多层分类编排的最低一级，应是按文献的形成时间顺序排列。

确定一部汇编采用何种体例，主要根据以下四方面：一是汇编题目的客观内容；二是汇编纳入的材料特点；三是汇编的编纂形式以及篇幅大小；四是汇编的目的。

档案文献的编排原则。第一、要体现档案文献之间最主要的或基本的联系；第二、要遵循分类的逻辑原则；第三、要体现一定的思想性原则。

B. 档案文献的科学归类。编排体例确定之后，就要将档案文献归入恰当的类目中去。在实际工作中，常常遇到一份文献既可归入此类，又可归入彼类的情况，这就要求汇编者在分析档案文献内容的基础上，作出正确判断，采用适当的方法进行处理。

5. 档案文献汇编内常见参考材料的编写方法

档案文献汇编内常见的参考材料有三种，即评述性材料、查考性材料和检索性材料。

①评述性材料的编写。汇编内的评述性材料有注释、按语和序言。它们都是对档案文献所作的评述，其作用在于指导读者阅读、分析和利用汇编内档案文献。但它们评述的对象和范围有明显不同。注释是针对档案文献中某个特定名目（字、词、语汇等）所作的评述；按语是针对汇编内的单份文献或一组文献所作的评述；序言则是针对整个汇编的全部档案文献所作的评述和说明。

A. 注释：按其所注对象的性质可分为内容注释和文字注释。内容注释是对档案文献中不易被读者所了解的某些内容所作的揭示性文字。它适用于对人名、地名、事件、史实、问题、组织、官职、会议、书刊、名词、术语、方言、典故、成语、隐语、异说等内容的注释。其注释方法有解释、补充、介绍、评述和修正等多种类型，必要时指出名目的来源或注释依据。文字注释是指编者对档案文献的加工和外型处理等情况的文字说明。

注文根据其位置分为行间夹注、脚注、篇后注和书后注四种。行间夹注又叫文内注，中国古书往往将注文以双行小字排在被注对象的下方，现代书刊则是用圆括号将注文排在被注对象的后面；脚注又叫页下注，是将注文排在其名目所在页之下；篇后注又叫文末注，是将注文排在其名目所在的整篇文件之后；书后注，是将注文排在其名目所在的整本书之后。在使用脚注、篇后注、书后注时，要在所注名目的右上角依据出现的顺序加注码，如1、2、3……以备检索。

B. 按语：又称“按”、“编者按”或“说明”，是编者对一篇或一组档案文献所作的介绍、评述或说明。它对读者正确理解公布档案文献的目的，分析档案文献的价值，了解文献作者的地位和身份，以及揭示利用档案文献时应注意的问题等方面，起着参考或指导作用。

按语的内容一般包括：介绍编纂公布档案文献的目的；介绍档案文献有关的历史背景；介绍档案文献的作者；介绍档案文献的内容梗概；介绍档案文献的史料价值；订正某些过时甚至错误的观点；介绍档案文献的版本。

编写按语时，要求政治观点正确，准确评述档案文献的价值，指出阅读和使用时应注意的问题，重点突出，文字简练。

C. 序言：又称序、引言、弁言、前言等，一般置于一书的正文之前。汇编的序言是编者向读者作的总评述和说明，以指导和帮助读者阅读汇编。档案文献汇编中也有代序或无序的。

汇编序言的内容一般包括：交代汇编的读者对象和选题意义、目的；概括介绍与汇编题目有关的历史背景、史实经过、人物事迹及其意义；概括介绍汇编内档案史料的价值；评述、补充和修正档案史料反映的某些观点；属于个人文集类型的档案史料汇编，应介绍、评述文献作者的身份、经历、社会地位、思想倾向等；介绍某些重要历史文献的版本形成、流传情况以及各种版本的不同价值；向读者介绍编者在编纂本汇编时所做的工作。

序言必须具有一定的思想性、知识性和学术性。

②查考性材料的编写。查考性材料，是编者为了帮助读者查考和利用汇编内的档案文献而编写的辅助性材料，它包括年表、插图、备考和凡例。年表是按照时间顺序编排并附以简明扼要的

说明以反映一定对象活动的表册，便于读者从纵的方面弄清事物之间的联系，加深对档案文献内容的理解。插图是编者根据档案文献内容在汇编中附上的各种照片、图片、表格等，能增加读者对档案文献内容的理解和真实感。备考是编者针对档案文献的出处、外形特征、可靠与完整程度而编写的说明性文字，它既能起查找作用又能起参考作用。凡例又叫编辑说明，是编者向读者介绍汇编内档案文献的状况以及编者进行编辑加工的情况。

A. 插图：档案文献汇编中，往往附有各种插图，如汇编内重要文件的影印件，与事件有关的人物、遗址、文物等的照片、图片、历史地图、示意图以及各种形象的统计图表等。插图的来源，有的为某历史事件当时形成并流传下来而被编者采录复制的，也有的是后来根据需要而拟制的。

在选用插图时应注意以下几点：人物文集应选用反映作者生平活动并具有重要历史意义的照片和图片；历史事件题材的汇编，可选用该历史事件中具有重要意义的人物、场面、遗址、手迹等的照片、图片；军事题材的汇编，应选择一些战争形势图、示意图、地图；经济、统计资料汇编，应选择或拟制各式各样的表格、图形；插图应有文字说明。

B. 备考：其作用主要有两方面：一方面帮助读者在必要时按照备考的指引查找档案原件；另一方面帮助读者了解档案文献的可靠程度和完整程度。

汇编内档案文献的备考，一般包括四个方面的内容：写明档案文献的出处，即原件保存在何处及其档号；写明档案文献的可靠程度和完整程度；写明档案文献的外形特征；写明档案文献的出版情况。

备考在汇编内的位置有多种，应根据所选档案文献的具体情况来决定，可在每份档案文献之后，也可将内容不同的备考置于汇编内不同的部位，如注于标题之下、前言之中、编者按中或正文之中。若汇编内的备考内容完全相同，只需在编辑说明中统一交代即可，若部分备考内容相同、部分不同，则应将相同部分在编辑说明中统一交代，不同部分分别说明。

C. 编辑说明：又称编者的话、编辑例言、出版说明和凡例等。一般位于扉页之后。主要是介绍汇编内档案文献的状况和编辑加工情况，目的是帮助读者阅读和利用汇编内的档案文献。

编辑说明的编写要求：内容必须准确，与实际情况相符；所介绍的加工符号的使用方法，必须与正文的情况完全一致；要简明扼要，条理分明，通俗易懂。

③检索性材料的编制。检索性材料是编者为了使读者能迅速地找到汇编内自己所需要的文献而编制的辅助材料。它包括汇编目录和各种索引。

A. 目录是“目”和“录”的合称。“目”是指档案文献篇名或书名，“录”是对“目”的说明和编次。档案文献汇编中的目录是按照编排体例及各篇章的排列顺序，列出各篇章的标题，并注明其所在页次的一种检索工具。其作用主要有两方面：一方面通过它可以综览编研材料内容的概况及其体例；另一方面可以使读者迅速地按照目录找到自己所需的材料。

目录分简要目录、详细目录和总分结合式目录三类。一般置于序言和编辑说明之后，正文之前。

B. 索引是将书籍中的内容要项或重要名词逐一摘出，依次排列，标明页数，以便读者检索使用的辅助材料。在档案文献汇编内所附的索引，通常是汇编内档案文献中出现的主题、人名、地名、词语、书名、篇名、事件及其他事物名目，经过分析以后，一一摘出标题，注明其出处或页码，按照一定方式（或按字序，或按分类）进行编排，以便读者随时检索。

索引的结构一般为，名目与页次或名目、解释语与页次。最常见的是人名索引、地名索引和主题索引三种。

二、编写档案参考资料

档案参考资料是按照一定的题目，对有关档案材料的内容进行研究、综合、加工而成的，可供利用者直接阅读使用的一种档案编研材料。

档案参考资料具有不同于档案文集（汇编）、档案检查工具和一般参考资料的特点。

第一，档案参考资料是以档案内容为依据，但又经过了编者的研究、综合和加工，而不像档案文集那样，只是对档案原文的转录。

第二，档案参考资料提供给读者的，是可以直接阅读和利用的材料，而不像检索工具那样，仅向读者提供了所需档案的检索方法和途径。

第三，与一般参考资料相比，档案参考资料还有以下特点：一是可靠性强。因为档案参考资料的内容主要来源于档案记载，而档案本身具有凭证性、权威性。二是专题集中。每一种档案参考资料只围绕一个题目编写，与题目无关的材料，一般不予采撷。三是不加评论。尊重档案的原意，保留了档案原文的观点和思想。四是文字朴实。档案参考资料一般采用档案文件的词、句、图、表，需要用编者自己的语言来表述时，也力求文辞朴实、言简意赅。

第四，档案参考资料也不同于科研专著和学术专著，虽然档案参考资料的编写也带有研究的性质，但更多的是向利用者提供系统的档案史料，是一种研究性资料书。

（一）大事记的编写

大事记是按照时间顺序简要记述一定范围内发生的重大事件、重要活动的一种档案参考资料。也有叫“年表”或“年谱（个人）”的。

1. 大事记的种类。按照不同的划分标准，可以将大事记分为不同的种类。

按记载范围和对象分，可分为：① 机构大事记；② 国家或地区大事记；③ 专题大事记；④ 个人生平大事记（亦称年谱）。

按记载内容分，可分为：① 综合性大事记；② 专门性大事记。

按编写体例分，可分为：①编年体大事记；②纪事本末体大事记；③分类编年体大事记。

2. 大事记的结构。大事记一般由题名、正文组成。正文是大事记的核心部分，它又包括大事时间和大事记述两部分。此外，根据大事记的编写目的、对象、篇幅长短、年限长短等情况，还可以设置前言（或编辑说明）、目录、概况、附录（包括注释、材料出处、图表等）。

3. 大事记的记述方法。大事记的核心部分是正文。正文由大事时间和大事记述组成，大事时间在前，大事记述在后。

① 大事时间：是大事记的主要组成部分，时间对于历史事件有着重要意义，因为任何事件都是在一定时间发生的，因此，时间记载必须准确无误。一般都必须写明某年某月某日，有的甚至要写明时、分、秒。对于中华人民共和国成立以前的历史事件，除了写明原纪年，还要注明公元纪年。

大事记要严格按照“时有顺序”排列大事发生的时间。在排列大事时间中，应注意以下几点：

第一，以一个年度为时间断限的大事记，要按月、日的自然顺序编列事件。

第二，时间跨度较大的大事记，可分为几个阶段，每个阶段内再按年、月、日顺序编列事件。

第三，如果大事发生时间不大确切，应尽力考证，实在无法考证准确，编列大事时应先排有准确日期的事件，后排日期接近准确的大事。

② 大事记述：是大事记的核心部分。通过一系列重大事件的记述，反映历史发展的足迹和规律。大事记述的好坏直接关系到大事记质量的高低，因此，在记述大事时，应注意以下几点：

第一，取材要真实，要尊重历史，尊重事实，按照事件本来的面目客观加以叙述，不要妄加评论，要寓观点于叙述之中。

第二，文字要简明扼要，不要过多采用引文。

第三，大事记述要完整。对每件事的发生、发展过程和结果都要有交代。

第四，要一条记一事，不要一条记多事。

4. 大事记的选材范围。所谓大事和小事，只是相对而言的，它受到一定的时间、空间的制约。一般地说，凡是涉及全局性的事件、重要的活动、典型的事件，以及对工作和历史发展有重要影响的事件等，均应列为大事；而那些局部性的、只具有一般意义的事件和活动，只能看作小事。在具体选择和确定大事时，要注意把握一定的时空范围、事件的特点及其相互关系。具体地说，一是要立足于本地区、本系统、本单位自身的工作活动；二是要根据本单位的性质、任务及其主要职能活动来选择大事、要事；三是要突出本地区、本单位的特点，注意选择反映一定时期的中心工作和任务的大事、要事。

根据一些档案馆（室）编写大事记的实践总结，不同性质的大事记，其选材范围应各有侧重，下面介绍地区大事记、机关和企业大事记的具体选材范围。

① 对一个地区来说，大事记的选材范围是：行政区划的变动；党政群机构的设置、撤销和体制的变更；本地党委、人大、政府、政协、纪检机关（以下合称“党政机关”）召开的重要会议；本地党政机关发布的重大政策、法规、决定；本地区党政机关主要领导的活动；本地区党政机关领导人及其直属机构主要领导的任免；上级党政机关领导到本地区的重要活动；各民主党派、群众团体、少数民族、宗教团体的重要活动；知名人士在本地区的重要活动；反映本地区工业、农业、商业、交通、外贸、教育、科技、文化、卫生、体育等事业发展的重要事件；本地区接待或参与的重要外事活动；本地区的重大工程建设、文物出土、名胜古迹维修；重大庆祝纪念活动；上级报刊、电视台、电台发表的有关本地区的重要报道（包括正面和负面内容）；发生在本地区的新鲜事物和新生事物；本地区发生的奇异的自然现象、自

然灾害和重大事故；本地区的重大案件；其他重要的事件。

② 对一个机关来说，大事记的选材范围是：本机关召开的重要会议；本机关领导参加的重要活动；本机关重要的决定、决议、规划、部署以及发布的重要文件；本机关机构的设置、撤销、体制的调整、职能和隶属关系的变化；本机关党政领导及各部门负责人的任免、奖惩；本机关完成的重大任务或科研成果；上级领导对本机关的重要指示和检查活动；本机关及管辖范围内发生的重大灾害、事故；本机关组织和参与的外事活动；本机关主办或协办的重要活动；本机关及所辖范围内的知名英雄、模范人物的主要事迹及其活动情况；本机关集体或个人获得的各种奖励和荣誉称号；本机关干部职工受重大党、政纪律处分与刑事处分；报刊、电台、电视台关于本机关情况的重要报道；其他重要事件。

③ 企业的大事记可参照机关大事记的范围，但应补充几个方面：生产规模的扩大或缩小；新基建项目上马；采取重大的生产技术措施；与国内外签订的重要合同；新产品的研制、老产品的停产；新的重要的生产经营项目的确定与实施；发行债券或新股；向其他公司的投资、参股；分公司或子公司的设立；股东转让出资；公司股票股市行情骤升或骤降；显著的经营业绩和成就；决策失误造成的经济损失；经济纠纷及诉讼活动；企业破产、解散、清产核资等情况；其他重要事项。

5. 建立大事记录制度。为了顺利开展编写大事记的工作，应当建立大事记录制度。一般做法是：各部门确定专人记录，定期向有关部门汇总，逐月（或季）整理出上一个月份（或季度）的大事，年终系统整理成本年度大事记，并归档保存。

（二）组织沿革的编写

组织沿革是系统记述一个机构（地区、行业）体制、职能等基本状况变迁过程的一种档案资料。

1. 组织沿革的种类。一般可分为：① 机关组织沿革；② 地区组织沿革；③ 专业系统组织沿革。

2. 组织沿革的内容。组织沿革包含组织和沿革两个意思。所谓组织是指一个机构（地区、行业）的建制（包括内部机构设置、人员编制、领导成员的组成）以及主要职能、隶属关系等，这是组织沿革所要反映的主体对象。沿革是指沿袭、继续或发展、变革的情况，它从属于组织，反映组织的历史发展过程。组织和沿革两者相互依存，不可分割。所以组织沿革的内容不能局限于机构、人员的罗列，而要把组织和沿革紧密地结合起来，完整、系统地反映出整个机构（地区、行业）各方面发展变化的历史情况。具体说，组织沿革的内容应包括五大要素：① 单位性质和主要职能；② 隶属关系；③ 人员编制；④ 内部机构设置；⑤ 领导成员的组成及各要素的发展变化情况。

3. 组织沿革的体例。体例是指材料内容的结构、表达形式及材料编排的层次和顺序。组织沿革的体例大致有四种：

第一种是编年法。即按年代顺序，逐年编列出该单位的内部机构设置和主要领导成员。这种体例的表述包含年代—系列（包括组织机构和领导成员）两个层次，适用于组织系统经常变化的单位。但是，一般单位的机构、人员在正常情况下都是相对稳定的，因此每一年都编列出该单位内部所有机构和主要领导成员，会造成内容重复。

第二种是系列法。即以单位内部的组织机构为主线，对每一个机构及其领导成员的沿袭变化，按时序进行系列编写。一个单位有多少个机构，就相应地设多少个系列。这种体例能清楚地反映一个单位的整个组织体系和每一个机构及其主要领导成员沿袭变化的历史线索，适用于组织系统比较稳定的单位。但是绝对稳定的单位是不存在的，当组织系统发生重大变革时，用系统法就很难处理。

第三种是阶段法。即根据单位发展史上的重要变化，把单位的历史分为若干自然的阶段，在每一个阶段里采用以单位内部组织机构（系列）为主线的方法进行编写。这种体例包括阶段—系列两个层次。阶段法体例保留了编年法以时为序的原则和适应多变的优点，兼取了系列法以系列为主线，脉络清楚的长处，而避免了它们的缺点。

阶段法的优点归纳起来有以下四点：① 内容比较完整，单位的内设机构、人员编制、领导成员以及性质和主要职能、隶属关系诸方面可以得到全面反映；② 形式比较灵活，不论单位大小都可以根据自身重大变革的环节，自然地划分出单位历史发展的主要阶段；③ 整个单位在各个阶段的组织体系一目了然；④ 通过划分阶段，单位各方面的沿袭和变革的历史线索清晰可辨。

第四种是问题法。即通过对单位自身组织体系发展演变的历史的深入系统的研究，抓住主要特点，结合读者了解和查考的实际需要，把单位自身各方面的沿革情况分别列为一个个问题，然后再一个问题一个问题地加以记述。简言之，这种方法就是以问题作为安排组织沿革正文结构的基本线索和首要依据。问题法的最大优点在于问题设置的灵活性与针对性。

采用问题法，首先要明确列出问题，而问题的确定，则要根据每一个单位的性质及其发展演变的特点和读者利用的需要，有的放矢。在具体编写时，对每一个问题的结构安排和记述形式也可以灵活处理。较简单的问题，可用单层结构，直述其事；较复杂的问题，则可采用复式结构，在大问题下再设小问题，或者再分若干阶段，或者再设若干系列，最后才分别具体记述。

4．一般组织沿革的基本结构。上述四种体例虽有很大不同，但编写起来，结构格式大同小异。一般包括：

① 总题名。包括标题、起止时间、编者。

② 序言。说明编写目的、体例、材料来源，综合介绍本地区、本机关的基本情况和历史沿革概况。

③ 目录。适用于时间较长、阶段（问题）较多的单位，时间短的可不设目录。

④ 正文。主要包括组织沿革“五大要素”的内容。

⑤ 附录。与正文有关的图表，如行政区划图和机关组织系统图，可附在正文之后，也可放在目录之前、序言之后。

5．阶段法组织沿革的结构、形式及有关问题的处理。

① 结构。阶段法体例的组织沿革由总题名、总序、目录、正文、附录五个部分组成。下面按编写程序逐一介绍：

总题名。包括标题、起止时间、编者。总题名可置于封面，也可不用封面而置于全文之首。

总序。置于第一页，目录之前；如不设目录，也可置于总题名之下、正文之前。要说明编写目的、体例、材料来源，本单位的性质和主要职能及历史沿革概况（概述几个阶段）。

目录。置于总序之后、正文之前。每一阶段单位名称加起止年月为一条目。如有图示、表格，条目上应注明附图、附表或单设图、表条目。单位时间短、阶段少的也可不设目录。

正文。按阶段先后编排。每一阶段内容及顺序是：

A. 阶段名称。置于每一阶段之首，写出该阶段单位全称，注明起止时间。

B. 小序。置于阶段名称之下，说明该阶段本单位起止的背景、性质和主要职能、隶属关系、人员编制及其他有关问题。

C. 组织系统。置于每一阶段小序之下，按工作性质、重要程度依次编列机关在这一阶段的各内设机构，并分别写明起止时间、性质和主要职能、隶属关系及其变化情况。

D. 领导成员。置于每一阶段的各内设机构之下，按职务高低编列其领导成员。同等职务的，以任职先后为序排列，并分别注明每个人的任期。

附录。有关图表、照片等，可作为正文的补充，附于有关内容之后或整个沿革之后。

◆阶段法组织沿革实例：

下面以清远市第一中学组织沿革中的“第一阶段”为例，说明每一阶段的具体编写方法。

第一阶段：中华民国清远县政府管辖阶段

(1928.2～1949.9)

小　序

本阶段自1928年2月学校创立之日起，至1949年9月清远解放前夕止，包括清远县立初级中学（1928.2～1943.9）、清远县立中学

(1943.9～1947.3)、清远县立景瑗中学（1947.3～1949.9）三个时期。学校隶属于中华民国清远县政府。本阶段初期，学校规模较小，学生人数约百人左右；后期有较大发展，学生人数最多时达到457人。学校的办学宗旨是：根据三民主义，充实人民生活，扶植社会生存，发展国计民生，延续民族革命。学校内设事务处、教导处、教务处、训育处、体育处、军训团、童军团等部门。清远县立景瑗中学时期没设教导处。下属部门有附属小学。

一、学校行政组织

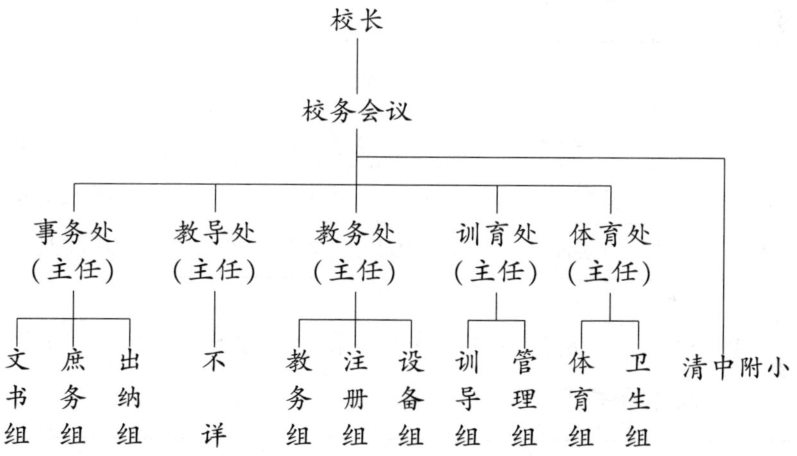

二、学校领导

主持学校行政，负责学校管理，设校长一人，历任如下：

职　务	姓　名	任职时间	备注
校长	朱××	1928.2～1937.1	
校长	张××	1937.2～1939.7	
校长	朱　×	1939.8～1940.1	未到职
校长	梁××	1940.2～1943.1	
校长	李××	1943.2～1943.7	

（续表）

职　务	姓　名	任职时间	备注
校长	崔××	1943.8～1946.7	
校长	梁　×	1946.8～1949.9	

三．内设部门

1．事务处　1928.2～1949.9，主管文书、庶务、出纳等事项，设主任一人，下设文书、庶务、出纳三组，各组设组长一人，干事、庶务若干。历任主任如下：

职　务	姓　名	任职时间	备注
主任	冯××	不详	名单按任职先后顺序排列
主任	蒋××	不详	
主任	吴××	1947.3～1949.9	

2．教导处　1928.2——不详，主管学校教学工作，内设主任一人，干事、教导员若干。历任主任如下：

职　务	姓　名	任职时间	备注
主任	陈××	不详	名单按任职先后排列
主任	于××	不详	
主任	杨××	不详	
主任	周××	不详	
主任	张××	不详	

3．教务处（略）

4．训育处（略）

5．体育处（略）

四、下属单位

清中附小　1928 年秋——不详，由清远县立第一高等小学（原四属小学）改称，具体情况不详。①

②形式。阶段法组织沿革的表达形式有三种：文字叙述、图示和表示。

文字叙述。分阶段，按顺序编写，各阶段均应反映出五个要素的内容。

组织系统图。分阶段以组织机构为主线绘制系统图，一个阶段一个图。

组织系统表。分阶段列表，以五大要素为纵栏标题，各机构名称为横向标题，一个阶段制一表。

一般情况下主要采取文字叙述的形式，有些机关也可采用图示或表示形式。为了增强参考资料的直观效果，可以文字叙述为主，以图示和表示为辅，三种形式结合使用。即机关性质和主要职能用文字表述，其他要素可用图、表表示。在采用图示和表示形式时，应按机关的不同阶段分别绘制。图表可分别插入各阶段文字叙述之后，也可集中附在全文之末。总之，组织沿革可以采用文字叙述或图表的形式，也可以图文并用。在编写中宜文则文，宜表则表。通常对历史沿革、主要职能任务用文字叙述，机构、人员变化用图表，这样既能减少篇幅，又条理清楚，便于查阅。

③ 关于同一阶段内机构和领导人员变化的处理。在编写组织沿革时，经常会遇到同一阶段内出现机构的撤、设、分、并和

① 清远市第一中学档案室编，1996 年 12 月。内部资料。本书引用时有删节。

领导人员发生变化。对此应采取以下办法加以处理：

续补加注。对于新设机构，可跟在原有机构后面，注明起止日期，如同一机构领导人发生变化，应按任职先后排列，注明任期。

撤减加注。如有内设机构撤销，可在该机构起止时间后注明其撤销后的归属。

分设和合并加注。如有一个内设机构分为多个机构或由多个机构合为一个机构，应先列出原来机构，注明何时分设或合并，然后排上新的机构。

更名加注。如内部机构名称发生变化，应采用新名称，并注明原名及更名日期，再注明起止年月。

6. 组织沿革的续编工作。历史总是在发展，当我们编写了过去的组织沿革后，机构、人员、体制又会有新的变化，因此，对许多机构（地区、系统）来说，都有一个组织沿革的续编问题。组织沿革的续编有两种方法：

① 逐年续编。即把本地区、本系统、本单位机构设置情况、领导成员情况逐年加以整理、编印，其编写方法基本与编年法相似。有的单位则采取每年编年鉴的做法，把编写组织沿革作为年鉴的一项重要内容。

② 分阶段续编。一些机构不大复杂，也比较稳定的单位，没必要每年都续编组织沿革。可以按一定阶段进行续编。阶段的划分仍以机构人员的自然变化为准。

（三）基础数字汇集的编写

基础数字汇集是以数量特征反映一个地区（机构、行业）基本情况的一种档案参考资料。又称统计基础数字汇集、基本情况统计。它是对档案材料中原有的统计数字的摘录、综合、汇总。

基础数字汇集的特点是内容集中、形式灵活、利用方便。

1. 基础数字汇集的种类

①从反映的空间范围分，有一个地区、一个系统和一个单位的；②从反映时间上分，有一年、多年、某一阶段或某一时间段的；③从内容上分，有综合性和专题性的。

2. 基础数字汇集的形式

文字记述式、图示式和表格式。

3. 文字记述式基础数字汇集

是用文字叙述的形式分项介绍各种基础数字。它的优点是采用文字阐述，便于交代各种关系，便于阅读和口头陈述。它由“标题”、“前言”、“数列”和“说明”四个部分构成。

① 标题，是汇集名称。它由单位、内容、名称三部分组成，概括了汇集反映的内容。

② 前言，简介汇集的主要内容涉及的空间和时间限断，材料的来源和完整准确程度。

③ 数列，由统计对象（即数列标题）、时间或空间范围、统计指标（统计对象所含的方面）、统计数值四个方面组成。

④ 说明，简要说明本汇集所需说明的问题。例如：

2008 年广东国民经济和社会发展统计公报

2009－02－25

2008 年，广东人民在省委、省政府的正确领导下，高举中国特色社会主义伟大旗帜，以邓小平理论和“三个代表”重要思想为指导，深入贯彻落实科学发展观，以开展解放思想学习讨论活动与深入学习实践科学发展观活动为强大动力，继续解放思想，坚持改革开放，坚决执行中央宏观调控政策，成功战胜低温雨雪冰冻、超强台风和洪灾等严重自然灾害，全力支援地震灾区抗震救灾和恢复重建工作，积极应对国际金融危机的影响，全省经济保持平稳较快发展，各项社会事业全面进步，人民生活持续改善。

一、综合

初步核算，2008 年全省生产总值 35696.46 亿元，比上年增长 10.1%。其中，第一产业增加值 1970.23 亿元，增长 3.7%；第二产业增加值 18402.64 亿元，增长 11.4%；第三产业增加值 15323.59 亿元，增长 9.1%。在第三产业中，交通运输、仓储和邮政业增长 7.0%，批发和零售业增长 11.2%，住宿和餐饮业增长 11.8%，金融保险业增长 11.0%，房地产业下降 4.8%，其他服务业增长 13.3%。现代服务业增加值占第三产业增加值的比重为 54.1%。民营经济增加值 15133.33 亿元，增长 9.5%。人均地区生产总值达 37588 元，增长 8.7%。[①]

4. 图示式数字汇集

是以形象直观的图形来揭示一定的数量关系的一种参考材料。图示式参考的优点是形象直观，一目了然。图示式参考材料的绘制形式可根据实际情况灵活掌握。例如：[②]

①② 资料来源：广东统计信息网“统计公报”，2008 年广东国民经济和社会发展统计公报，2009 年 9 月 27 日。

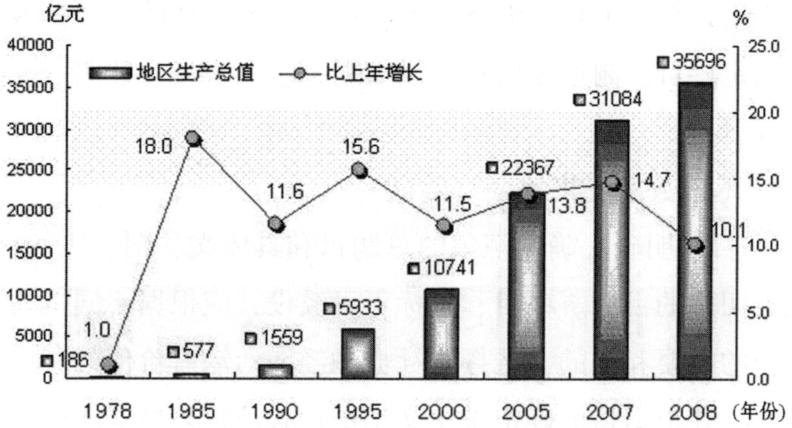

1978～2008 年地区生产总值及其增长速度

5. 表格式基础数字汇集

优点是数列条理清楚，信息容量大，可处理较复杂的比较关系。按统计数列的性质不同，可分为品质数列表、变量数列表、时间数列表、空间数列表、相关数列表、平衡数列表六种。例如：①

2008 年对主要国家和地区进出口总额及其增长速度

单位：亿美元

国家和地区	出口额	比上年增长%	进口额	比上年增长%
美国	772.43	4.5	133.92	4.2
香港地区	1338.54	3.0	61.01	-5.3
欧洲联盟	643.56	18.1	213.80	12.2
日本	192.12	11.3	413.94	5.5
东盟	246.55	20.3	379.53	7.0
韩国	90.89	52.2	229.95	1.9
俄罗斯	47.94	-4.8	9.56	35.4

① 资料来源：广东统计信息网“统计公报”，2008 年广东国民经济和社会发展统计公报，2009 年 9 月 27 日。

表格式数字汇集的编制步骤，用一句话概括就是根据客观需求，选定栏目，制作表格；摘录数据，填入表格；按照一定题目汇集成册。

6. 基础数字汇集的编写要求

① 目的明确。确定汇集的总题目和具体文、图、表的标题，必须有明确的目的。项目、指标不可滥设，应根据不同机关、单位一定的需要和目的，选择对社会和经济活动有价值的基本项目和指标。并根据目的确定采用文字记述式还是表格式或图示式。

② 数据准确。指标数值必须以单位正式上报的统计数字为基准，做到准确无误，不可掺入臆断和估计的成分。

③ 指标对应。文字记述的数列中，统计对象和统计指标之间，统计表的横行和纵栏及指标数值之间，统计图的纵、横坐标之间，必须遵守相互对应的原则，以表明指标数值所属的性质及其限定的时间、空间和条件。

④ 计量可比。指标数值的计量单位和标列方法，必须可供比较。当表列指标数值都以同一单位计量时，应将计量单位标写在表的右上角；当同栏指标数值以同一单位计量，而各栏计量单位不同时，则应将计量单位标写在各纵栏标题的下方或右侧；当同行统计资料以同一单位计量而各行的计量单位不同时，则可在横行标题后添列一计量单位栏，用以标写各行的计量单位；坐标图的纵、横轴的计量单位，分别列于纵、横轴外侧中部轴名之下。

如果汇集的文、图、表较多，就需要装订成册。封面上中部写标题，下中部写编者和时间；封面后首页为前言或编辑说明，其次为目录。

（四）专题概要的编写

专题概要是简要记述某一特定的社会事物或自然现象产生、发展、变化情况的一种档案参考资料。编写专题概要，可以把某个专题范围内的浩繁庞杂的资料集中、译解、转述、浓缩于一篇，使人一篇在手，便能略见该专题本身及其有关档案史料之概貌，因此成为档案馆、室编研工作的重要内容之一。

“专题概要”并不是这种参考资料的具体名称，事实上有称“××专题概要”的，也有称“××专题资料”、“××基本情况”、“××简况”、“××综述”、“××简介”的；还有的则只标主题，如“××地区矿产资源分布”；另外，有些名为“××资料”或“××汇编”的编研作品，其实并非原始资料的选编或汇编，而是具有史料性质的专题概要。

专题概要与专题卡片、专题指南（又称专题介绍）的性质不同，后者属于档案检索工具，前者则是档案参考资料的一种。同时，专题概要与其他档案参考资料也有区别。所谓“专题概要”，顾名思义就是围绕专题，概述其要。其特点在于提要钩玄，综述概貌，短小精悍，而不能巨细无遗，恣情挥洒，长篇累牍。

1. 专题概要的整体结构比较简单，一般由总题名即总标题、按语或说明、正文、注释等几部分组成。如果是独立成册、篇幅稍大的专题概要，还应有凡例、目录，有的还配上插图，设置“附录”。

2. 专题概要正文的结构。从大的方面讲有两种，一种是单层结构，另一种是复式结构。

① 单层结构的层次设计与排列，又分两种主要形式。一是单层纵向形式，即以时间顺序为基本线索，纵向划分层次，按时间先后排列。这种形式适合记述和反映那些发生、发展过程旷日持久、但又明显呈现出阶段性的客观对象。二是单层横向形式，即以所要记述的客观内容的性质为主要依据，横向划分层次，按问题排列。如果所要记述和反映的客观对象时间特征不明显但问题却错综复杂时，采用这种形式往往能收到较好效果。例如《苏州市民公社专题概要》，全文分四部分，一介绍苏州市民公社概况，二记述其活动内容，三揭示其性质，四分析其历史背景。又如《党和国家领导人国际友人视察访问曲阜情况简介》，全文以人物为“问题”，按来访人物的不同分别加以介绍。

② 复式结构的层次设计与安排，则有多种形式，难以一一尽述。不过，无论是双层结构还是三层或三层以上的结构，其每个层次设计与安排的基本依据，仍然不外乎时间和问题，或按时间纵向排列，或按问题横向排列，只是由于时间与问题即纵向与横向组合的方法不同，于是才形成复式结构层次设计与排列的多种形式，如纵向—横向形式、纵向—纵向形式、横向—纵向形式，横向—横向形式。这里仅介绍其中的两种常用形式：

纵向——横向形式：即首先以时间为依据将全文分为若干时期或阶段，纵向排列，再于时期或阶段下按内容性质分为若干问题，横向排列。例如《解放前北京的自来水事业简况》，全文首先分五个时期，即“清代末期”、“北洋政府时期”、“国民政府时期”、“日伪统治时期”、“国民党统治时期”。在某些时期下再分若干问题，如“清代末期”下分“奏准兴办”、“招商集股”、“购置器材”、“确定水源”、“建设水厂”、“铺设管线”……

“经营管理”共八个问题。这就是纵向—横向复式结构形式。

横向—横向形式：即各个层次都以内容性质为依据划分成若干问题，都按横向排列，但在素材的选取和使用方面，要注意全局与局部、一般与个别、点与面、虚与实的有机结合。可在综述全局、整体情况之后，分述各个局部、各个方面的情况；也可以在概述一般情况的同时，辅以某些典型事例。例如上海市黄浦区档案局（馆）编《福州路文化街》一书，就是采用三层以上的结构，每个层次几乎都是分问题横向排列，是典型的横向—横向复式结构形式。在第一层次，除概述外，共分八编：福州路报馆业、福州路书业、福州路文化用品业、福州路文化娱乐业、福州路商业（饮服业）、福州路风化区、人物、杂记。第二层以“福州路报馆业”为例，分为三个问题：形成与发展、报业结构的调整、报馆介绍。

3. 正确处理好几个具体问题。一是为避免内容空洞、抽象，在专题概要的正文中可以列举一些具体数字来配合文字进行介绍；二是文字表达要准确通达，对于不同的专题对象，应采用不同的笔法；三是形式应该灵活多样，尽可能做到图文并茂；四是对于那些史实性较强的专题，应在概要的有关内容中适当概述本专题档案史料的情况，如在凡例、按语、序言或注释中加以介绍。

（五）会议基本情况简介的编写

会议基本情况简介，又叫会议简介，是利用会议的档案材料，简要地介绍会议的全过程，以反映出会议的基本情况的档案参考资料。

1. 会议简介的特点

会议简介不同于会议简报。会议简报是会议召开期间编印的一种及时交流会议情况的内部材料，属会议材料之一。而会议简介产生于会议结束以后，是一种参考资料。

会议简介不同于会议记录，会议记录是在会议进行过程中，对会议进行情况及会上的发言和决议事项所作的记录，而会议简介则产生于会后，只是对会议情况作简要的、概括的介绍。

会议简介也不同于会议纪要。会议纪要是在会议文件基础上加工整理出的一种文件，它反映会议的基本情况、中心内容和基本要求，一般是以公文的形式出现，具有现行效用。而会议简介则主要是作为一种历史资料，用作查考的。

2. 会议简介的种类

会议简介的种类很多，按照会议内容的不同，我们可以将会议简介分为以下几类：

① 各种代表会议简介。如党代会、人代会、政协会议、工代会、团代会、妇代会等代表会议的简介都属此类。这是最常见的会议简介。

② 业务工作会议简介，一般由各专业部门编写，是介绍一个部门或一个专业系统召开的各种专业工作会议基本情况的参考资料。

③ 经济与科技等会议简介。如《××产品鉴定会简介》、《××课题论证会简介》属于此类。

④ 学术性会议简介。关于某一个或某一方面专题的学术讨论会、学术研讨会、学术交流会的简介材料均属此类。

3. 会议简介的结构和内容

会议简介一般由题名和正文两部分构成。

① 题名就是会议简介的标题，一般由会议名称加“简介”两字组成，会议名称一般要写全称。多次同类会议简介的汇编，要有总题名。

② 正文部分一般包括三方面的内容：

一是会议概况。要写清楚会议名称、召开的时间、地点、主持人、出席对象等。

二是会议议题。即会议主要报告的内容、研究和解决什么问题，以及会议的开法与议程。

三是会议结果。交代会议议决事项，各种代表大会还应交代选举结果。

对重要的会议的简介，还可增加附录，收录会议代表名额分配情况以及有代表性的照片。

4. 会议简介的形式

① 文字叙述式。它以文字叙述的形式，简要地介绍会议的届次、名称、召开时间、地点、代表人数、主持人、报告人、主要议题、通过事项、选举结果等，必要时还可加述对会议的简要评价。

② 条目式。它以条目的形式，简要列述会议届次、名称、开会时间、地点、出席人数、通过事项、选举结果等内容。

③ 表格式。它以表格的形式，简要列述会议届次、名称、时间、地点、代表人数、组织者、主持人等。

（六）基建工程简介的编写

基建工程简介，是简要介绍、反映某项或某几项基建工程的基本情况和建设过程的一种参考资料。它为利用者了解基建工程的概貌、特点、功能等提供系统的材料，对于基建工程的使用、维护，以及对于指导今后的基建工程建设具有一定的参考作用。

基建工程简介一般由题名、概述、正文、附录四个部分构成。

1. 题名。由工程名称加“简介”两字构成。如《广东九江大桥北岸工程简介》。

2. 概述。概括地叙述基建工程的基本情况，如工程建设单位名称、工程地点、投资规模、占地面积、建筑面积、建筑结构、上马时间、竣工时间、项目主要负责人等；说明编写简介的目的和材料来源。

3. 正文。是简介的主体，主要简述基建工程建设的发展过程。具体内容包括：工程的规划情况，工程的设计过程，工程的施工情况，工程的监理情况，工程的竣工验收情况，工程使用情况等。

4. 附录。是对说明工程情况有辅助作用的图表和文字材料。在工程简介中适当收集一些照片、图表等材料，使简介显得更加生动形象，内容更加丰富多彩。

（七）科研成果简介的编写

科研成果简介是简要介绍科研成果研究情况及其主要成果内容的一种参考资料。它对推广科研成果，实现科研成果转化为生产力，有着积极的作用。同时，通过科研成果简介，还能展示一个单位或一个地区的科技实力，增强本单位、本地区的信誉。

科研成果简介一般是以一个档案全宗为单位进行编写的，也有以一个专业系统或一个地区为单位编写的。

1. 科研成果简介的主要内容

一般来说，科研成果简介的编写内容应包括科研课题名称，主要研究人员，成果鉴定单位及时间、鉴定级别及意见，获奖（获专利）情况，成果内容介绍。有些科研项目，虽然没有组织鉴定，但在有关的学术刊物上发表了，要介绍发表的刊物名称及时间，如属专著出版，则应介绍出版单位及出版时间。

2. 编写方法

在介绍每一项成果时，一般做法是采用段落式编写；先写课题名称，接着是写主要研究人员，鉴定单位、时间，获奖情况、专利号，成果内容提要或摘要，推广使用效果，鉴定意见。

当有多项成果要进行介绍时，可以将其汇编成册，具体做法是：第一，按学科性质将成果分成若干类，如果成果不多，可以免做；第二，按一定规律（如按获奖级别或时间先后）将成果简介进行排列；第三，编写目录、编辑说明和封面。

三、举办档案陈列展览

档案陈列展览是按一定主题展示档案的活动，也是档案部门开展档案服务的途径之一。

（一）档案陈列展览的作用

档案陈列展览向利用者与观众展示的档案是经档案工作人员精心挑选、科学分类、系统排列的典型材料，通过展览，将档案或档案所含信息直接与利用者和观众见面，省去了利用者查找、借阅的时间。经编者挑选和安排的材料，为利用者认识展示专题提供了线索，也能给予某些启发。一般观众在参观展览过程中不仅能对展示的专题有所认识、受到教育，而且也有利于增强他们的档案意识，使他们对档案、档案工作的重要性有正确的认识。

（二）档案陈列展览的基本原则

按照一定主题、序列和艺术形式，在一定环境内以档案或相关资料为主要展品，配以适当辅助展品，实现进行直观教育、传播科学文化信息和提供审美欣赏的功能。

（三）档案陈列展览的形式

档案陈列展览的形式多种多样，可开辟场地固定的长期、短期陈列展览，也可进行巡回展览。档案馆、室可以根据各种需要单独或与其他部门联合举办展览，较多的是举办某个专题的中小型档案陈列展览，也可以举办大型综合性档案陈列展览，或与其他部门联合举办反映某些工程或工作成果的档案陈列展览、为配合某项纪念活动的档案陈列展览。

1. 基本陈列。指以档案原件或复制品、仿制品的陈列展出为手段，揭示档案馆馆藏，系统反映馆藏特色，内容相对固定，在馆内常年展出的方式，是国家档案馆展示宣传现有收藏、实现其社会教育功能的基本活动形式。

2. 专题展览。指主题比较单一，举办时间相对较短、地点灵活的展出方式，是国家档案馆实现教育功能的主要活动形式之一。

3. 网上展览。指利用网络技术，以数字化展览形式展出的方式。

4. 流动展览。指利用活动展板将基本陈列或专题展览等转化为可移动展览的展出方式。

（四）档案陈列展览的组织

档案陈列展览并非简单地罗列有关档案材料，它是一项融档案利用、档案公布、档案文献编辑、艺术宣传为一体的综合性开放利用工作。举办档案陈列展览，在筹备阶段要进行大量艰苦的工作，它包括明确举办档案陈列展览的目的，确定主题；根据主题研究档案文件；编制陈列展览内容纲要；查找与挑选展示的档案文件；编制陈列规划；为展示的档案材料编写必要的简介、评述、说明词；筹办除档案材料外的陈列实物（或模型）、器具、材料；展览会的艺术装潢工作；等等。其中，档案馆、室必须参与的工作主要有：

1. 编制陈列展览内容纲要。这一项具体工作为整个展览会奠定了材料基础。陈列展览内容纲要要体现出展览会的思想性和科学性，它决定档案陈列展览会的构成，揭示各部分档案材料的内容和种类。档案馆、室应在研究档案文件和其他材料的基础上，把拟选用档案、材料的名称列入纲要中。纲要编成必须经有关领导审查方可实施。

2. 查找与挑选文件及展品。这项具体工作自接关系到展品的质量，因此应根据陈列展览内容纲要挑选那些最能反映展览主题的、最具展示价值（包括本身价值与说明题目的价值）的档案材料，同时要注意保持展品之间的历史联系。

3. 制订陈列展览规划。要对展品按展示纲要进行分类、排列。每部分展品按事件、事例的时间顺序整理，做到既集中又系统。部分之间还要注意到联系性及展品数量上的均衡性。同时，还要把全部展品及陈列时所用的装具（台、柜、桌等）编入陈列规划，并固定排列。陈列规划亦应经有关领导审查与确认。

4. 展品布展与装潢。布展是档案陈列展览的重要环节，就是将展品按照陈列规划摆放到适当的展出位置。为了加强档案展览的效果，展览要进行必要的艺术装潢。装潢的格调应与展览主题一致，装潢的目的是为了突出与烘托展品，切忌喧宾夺主。

（五）举办档案陈列展览应注意的问题

1. 举办档案陈列展览应注意档案内容信息的保密与原件的维护。在挑选展示档案时，特别要注意内容是否适合公开，必要时有关部门可限定参观对象。档案展览一般用复制件展示。为加强真实性，在复制文件过程中，文件的尺寸、格式、字体等应尽可能与原件保持一致。必须陈列档案原件时，一定要把它们放入上锁（带保险）的玻璃橱柜中。展室内的采光、温湿度、消防、防尘等方面的设施，均应符合档案保护的要求。在展览会期间应由专人负责展品的安全与保护。

2. 主办部门为了有效地传播与宣传档案信息，应做好各项宣传工作，包括：挑选熟悉展览主题与档案内容、价值的工作人员担任讲解；按利用规定散发展览的说明书、纪念册、档案复制品；展示有关的幻灯片、录像片，还有出海报、发请柬、写评介性文章等事项也不可忽视。

3. 档案陈列展览筹备就绪正式展出前，应先由有关部门或领导检查、审批，可先在小范围内进行预展，然后正式展出。

四、公布档案

所谓公布档案，就是将档案或档案的特定内容通过某种形式首次公布于众。

（一）公布档案的形式

1. 通过报纸、刊物、图书、声像、电子等出版物发表。

2. 通过电台、电视台播放。

3. 通过网络传播。

4. 在公开场合宣读、播放。

5. 出版发行档案史料、资料的全文或者摘录汇编。

6. 公开出售、散发或者张贴档案复制件。

7. 展览、公开陈列档案或者其复制件。

（二）公布档案的手续及要求

公布属于国家所有的档案，按照下列规定办理：

1. 保存在档案馆的，由档案馆公布；必要时，应当征得档案形成单位同意或者报经档案形成单位的上级主管机关同意后公布。

2. 保存在各单位档案机构的，由各该单位公布；必要时，应当报经其上级主管机关同意后公布。

3. 利用属于国家所有的档案的单位和个人，未经档案馆、档案保存单位同意或者前两项所列主管机关的授权或者批准，均无权公布档案。

属于集体所有、个人所有以及其他不属于国家所有的对国家和社会具有保存价值的档案，其所有者向社会公布时，应当遵守国家有关保密的规定，不得损害国家、社会、集体和其他公民的利益。

五、编辑档案资政信息

档案资政信息是档案部门围绕党和政府的中心工作、某些重大事件及突发事件，从馆藏中查找相关档案信息进行编辑，汇总上报以供主要党政领导及机关决策参考之用的一种精编档案信息参考资料。

档案是历史的真实记录，其中含有成功的经验、失败的教训，现实中我们对某些事情的处理完全可以从前人处理过的类似事件中受到启发与借鉴。档案部门是国家法定的各类主流历史记录的保管场所，档案部门应充分发挥资源优势，围绕党和政府的中心工作以及突发的重大事件的处理，以档案为据，编辑相关档案信息供领导决策服务。这种资政信息既可以定期编辑上报，也可以不定期编辑汇总。每期资政信息的篇幅总体来讲不宜过长，讲清档案中所涉事件的来龙去脉、处理方法和最终效果就行。当然，对某些时间跨度大、涉及面广、处理时间长的历史事件，普通篇幅不可能容纳，自然字数较多，应特别注意转述的条理性。

目前，利用馆藏档案编辑档案资政信息为各级领导服务已成为各级档案部门的常规工作。上海、重庆、辽宁等地档案部门的档案资政服务工作就多次受到当地党委政府的表扬。广东省档案馆自 2003 年起就形成了每月编辑一期《档案资政参考》供领导参阅的制度，所编辑上报的档案资政参考多次受到了省领导的书面批示赞扬，收到了很好的社会效果。

第三节　档案服务领域的拓展与服务手段的创新

2000年以来，全国各级档案部门积极主动地采取许多有力、有效举措，在创新档案服务模式和拓展档案服务领域等方面，取得了可喜的甚至是突破性的成绩。

一、开展已公开现行文件利用和政府信息查阅服务

（一）已公开现行文件利用服务的由来与发展

2000年4月，深圳市档案馆通过建立文档服务中心，在全国首开现行文件阅览服务的先河。2001年下半年，广东省档案馆也与省直35个单位商定，定期到各单位收集有关非涉密性已公开文件，并在接待室设立查阅专柜，供利用者来人来电查阅利用。2001年11月，国家档案局在山东省济南市进行了专题调研活动，总结广东省直单位、深圳市等地开展的已公开现行文件利用工作的经验并向全国推广。至2016年底，全国各级国家综合档案馆全部开展了这项工作。

（二）档案馆开展政府信息查阅服务的由来及要求

2007年4月5日，国务院颁布《中华人民共和国政府信息公开条例》。《政府信息公开条例》第十六条规定："各级人民政

府应当在国家档案馆、公共图书馆设置政府信息查阅场所，并配备相应的设施、设备，为公民、法人或者其他组织获取政府信息提供便利。”目前，全国各地各级国家综合档案馆作为政府信息公开查阅的指定场所，在政府信息公开中发挥着越来越重要的作用。《政府信息公开条例》第十六条同时又规定：“行政机关可以根据需要设立公共查阅室、资料索取点、信息公告栏、电子信息屏等场所、设施，公开政府信息。行政机关应当及时向国家档案馆、公共图书馆提供主动公开的政府信息。”

（三）已公开现行文件利用和政府信息查阅服务的主要做法

已公开现行文件利用工作和政府信息查阅服务已经在各级国家档案馆同步开展，呈现出良好的发展态势，主要的做法如下：

1. 党委、政府发文明确赋予档案馆开展已公开现行文件利用和政府信息查阅服务的职能。2008 年 5 月 1 日《政府信息公开条例》正式实施之后，各级人民政府按照要求，纷纷发文明确当地国家档案馆为政府信息查阅场所，并配备相应的设施、设备，为公民、法人或者其他组织获取政府信息提供便利。

2. 逐步建立和完善相关工作制度。各级档案行政管理部门通过行政管理手段不断推动已公开现行文件利用和政府信息查阅服务，为已公开现行文件利用和政府信息查阅服务的开展创造了必要的条件。各级国家档案馆根据工作实际，制定已公开现行文件和政府信息送交、接收、管理、划控、利用等各项规章制度，已公开现行文件利用和政府信息查阅服务工作逐步走上了规范化、制度化发展的轨道。

3. 采取灵活多样的服务方式开展已公开现行文件利用和政府信息查阅服务。有的档案馆在内部开辟专门的阅览场所，为利用者提供舒适便捷的阅览环境，利用者凭有效证件可直接在此查询相关信息；一些地处党委、政府院内的档案馆，将文件中心外置设立到繁华的闹市区，方便人民群众查阅利用；有的档案馆在本地区公共场所如酒店、商场、车站设置现行文件和政府信息查阅触摸屏，供利用者随时查阅；有的档案馆将现行文件利用和政府信息查阅场所设在本地区公共行政服务中心或行政审批中心服务大厅，为人民群众提供便利；还有的通过网络提供已公开现行文件的机读目录和全文数据，采用现代化手段为广大群众服务。此外，对无法直接到利用中心查阅已公开现行文件和政府信息的利用者，还开展了信函查阅的委托服务、电话预约的承诺服务等。有的档案馆还将已公开现行文件利用场所与档案查阅室放在一起，使一些为查阅现行文件、解决现实问题而来的普通百姓，能方便地查阅相关问题的档案，同时获得解决问题的凭证和依据。

二、建设爱国主义教育基地

（一）爱国主义教育基地的兴起

爱国主义教育是提高全民族整体素质的基础性工程，是引导人们特别是广大青少年树立正确理想、信念、人生观、价值观，促进中华民族振兴的一项重要工作。1994 年 8 月 23 日中宣部颁布《爱国主义教育实施纲要》，提出了教育的基本原则、主要内容、重点对象以及一系列具体措施。1996 年 11 月，国家教委、民政部、文化部、国家文物局、共青团中央、解放军总政治部决定命名和向全国中小学生推荐百个爱国主义教育基地。这些基地是广大群众培养爱国情感的重要阵地，也是青少年学习革命传统、陶冶道德情操的重要课堂。

档案部门随后也积极参与到爱国主义教育这项工作中来，国家档案局于2005年8月30日出台《国家档案馆爱国主义教育基地工作规范》(以下简称《规范》)，使得档案部门开展这项工作有了操作的依据。档案馆可根据《规范》来进行基地建设，挖掘馆藏档案的社会教育价值，结合档案的特点开展活动。

(二) 档案馆爱国主义教育基地的概念

国家档案馆爱国主义教育基地指经各级党委、政府或者相关部门批准命名、公开挂牌，由国家档案馆管理，以馆藏档案为主要资源，向社会开展爱国主义、革命传统教育和国情、省情、市情、区情、县情教育及科技文化知识教育的活动场所。

爱国主义教育基地举办的各项活动应有利于传播促进社会进步的思想、科学技术和文化知识；有利于弘扬爱国主义精神，丰富人民的文化生活；有利于提高公众素质，促进文化交流。

(三) 档案馆爱国主义教育基地开展活动的形式

国家档案馆爱国主义教育基地开展活动的形式以基本陈列和展览为主，同时兼顾其他多种教育形式。关于陈列和展览，已在前面详细介绍，这里不再重复。为了充分发挥爱国主义教育基地的资源优势和特色，档案馆可以有目的地开展适合活动对象特点的、除展览之外的其他相关活动，深化教育效果。这些活动包括：

1. 专题讲座、报告会。以馆藏爱国主义教育档案为基础，请熟悉馆藏的专家开展专题讲座或报告会，用档案记载的真实历史人物、事件进行爱国主义教育的宣传。

2. 征文、演讲比赛。与宣传、教育、共青团、工会、新闻媒体等部门和组织联合举办馆藏爱国主义档案知识竞赛，大力弘扬以爱国主义为核心的民族精神和以改革创新为核心的时代精神。参与对象以未成年人为主，对参与者及优胜者给予鼓励。

3. 开展党、团、队日活动。联合机关、团体、企事业单位、学校、部队等，充分利用党团组织成立、重大历史事件发生等重要纪念日，以及未成年人入学、入队、入团等有特殊意义的日子举办主题活动。

结合青少年的特点，可采用多媒体教育的形式，在爱国主义教育基地展厅等场所播放电视片、幻灯片等，作为辅助教育形式。也可单独或与具有制作权的部门合作制作录音节目、拍摄电视专题片，在电台、电视台播放。

(四) 教育基地工作人员的素质要求

1. 具有较高的政治素养和一定的政策理论水平。

2. 热爱档案事业和教育基地工作，爱岗敬业、钻研业务，热心公众服务。

3. 具有大专以上文化程度，掌握档案学理论，了解历史学、教育学、心理学和工艺美术等相关学科知识，有一定的组织能力、语言文字能力、科研能力和外语水平。

(五) 爱国主义教育基地的管理制度

档案馆应制定爱国主义教育基地的规章制度，并随着实际工作的变化及时修订。这些制度主要包括爱国主义教育基地组织管理制度、展品征集移交制度、展品管理制度、展厅管理制度、展览审核制度、接待讲解制度、文件归档制度等。各项制度应规范的内容详见《国家档案馆爱国主义教育基地工作规范》中有关条款。

三、开办学生档案教育社会实践基地

利用档案资源、场地设备等优势在档案馆设立学生档案教育社会实践基地，是档案部门与各类学校开展合作，主动为教育工作提供服务的一种好做法。这种实践基地服务的对象是大中小各层次的学生，目标是让学生们获得与课堂书本知识相关的直观的感性认识，从而加深乃至提高学生对理论知识的理解与认识。

在我国，档案馆开办学生档案教育社会实践基地的工作有两种情形。一种是各级档案馆与当地高校自主协商，在达成一致的基础上设立，由档案馆提供活动场地、馆藏档案资源，高校派师生根据教学内容需要到档案馆开展相关活动。这种实践基地，是馆校双方的事情，必须是学校有意愿，档案馆同意接纳，缺一不可。为此，当馆校双方有初步意向后，双方必须签订正式协议，明确馆校双方的责任与义务，以便真正发挥这类实践基地的作用，保证实践基地活动的正常开展。协议应该包括建立实践基地的目标、双方应承担的责任与义务以及活动内容与形式等内容，针对各高校不同的要求，可分别制订相应的条款。

另一种情形是由教育与档案行政主管部门共同认定命名制。这种做法的具体操作程序是，各级档案馆依据“自愿申请、择优命名、分级管理”的原则，根据国家教育部和国家档案局或省、市教育行政部门与档案行政部门共同制定的管理办法分别申报相应级别的中小学档案教育社会实践基地，亦可越级申报。首批获国家教育部和国家档案局认定并命名为“全国中小学档案教育社会实践基地”的档案馆是广东省档案馆、北京市档案馆、天津市档案馆、上海市档案馆、云南省档案馆、山东省档案馆、辽宁省档案馆、江苏省档案馆、浙江省档案馆、河南省档案馆、宁夏回族自治区档案馆、四川成都市双流县档案馆。

档案馆学生社会实践基地的主要活动内容有：

1. 根据馆校双方事先协商的活动主题，比如历史、地理、自然课程中所涉及的相关内容，在档案馆馆藏中找出相对应的历史事件档案、古地图等供学生参观学习，同时对这些档案形成的背景作适度的介绍。

2. 组织学生参观档案馆常设或临时举办的有关展览，培养学生的展览、档案、历史文化素养，开阔眼界，增长见识。

3. 业务观摩。提供档案整理、裱糊、缩微、杀虫、消毒等操作技术与业务流程的观摩，增强学生对档案管理工作的直观认知。

4. 教学实习。此项活动主要为高校学生开设。实习环节是各高校的必设课程，高校历史、档案、文秘等专业的学生可以直接在档案馆找到实习的项目，比如档案的分类与整理、专题档案目录的制作、专题介绍的撰写、旧公文程式的学习等。

5. 前述爱国主义教育基地建设中与各类学生相关联的各种活动。

四、打造计算机网络服务平台

借助计算机快速传输与海量存储信息的特点，以及其丰富的表现力，可使档案服务的内容和形式达到高度的统一，让档案信息服务更具有吸引力。

（一）建立档案信息网站

计算机互联网可以承载、传输海量信息，最大特点是不受时空、地域限制，能在瞬间把信息快速传播到世界各地，同时带给利用者强烈的交互性和感官性，并且可以精确地统计有多少人接受宣传信息，可以收到良好的宣传效果。档案部门应充分利用网络技术，积极开设档案网站，向利用者快速传递信息，最大限度地满足社会的利用需求。

广东档案信息网首页

建立档案信息网站，除了人员、技术、设备的基本要求，最关键的是网站栏目的设置要合理。从目前档案工作的实际出发，一个合格的档案网站，必须包含档案资源服务、档案业务建设服务两大类栏目，亦即通过这个网站，利用者可以实现对相关档案信息的查询，档案管理者可以实现相应的业务指导，发布法规、政策、标准，实现网上办公的功能。

具体来讲，反映档案资源服务大类的栏目可分设为档案资源介绍、在线档案查询、现行文件服务、网上展览、网上查档预约、地方信息、网上课堂、多媒体档案资源以及学术资源等栏目；反映业务建设服务大类的栏目可分设为机构简介、业务动态、网上办公、政策法规标准以及档案征集等栏目。

上述网站栏目的设置，可以根据实际需要增减，每一栏目之下如有必要还可设二级栏目。

需要指出的是，任何一个网站，除了栏目内容满足利用者的查询需要之外，还要使网站在利用者登录时方便、顺畅，某些内容还应满足互动的要求。为此，在网站设计时，应提请技术人员在设计时充分考虑网站使用的交互性与可访问性，同时还要充分考虑网站的外观设计、安全性能、权利保护等有关因素。

（二）开发网上档案信息检索系统

有效检索档案信息是实现档案信息利用的必要条件，因此网上档案信息检索系统成为网络环境下档案信息编研的关键环节。这就需要我们开发出高效的档案信息查询系统，使其适应新形势下的档案信息在线搜索与查询，适应网络环境下的快节奏、高质量、高效率。

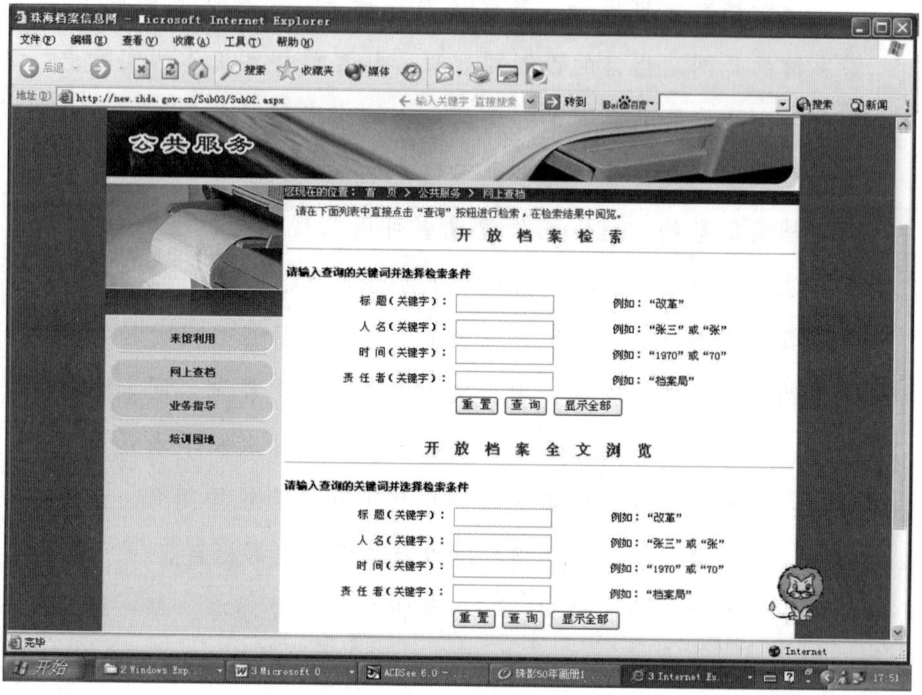

珠海档案信息网的“开放档案检索”界面

（三）建设特色档案信息专题数据库

所谓特色档案信息，是指具有地方特色、文化特色、人物特色、时代特色以及民族特色等方面的档案信息，这些都是网络环境下档案机构之间进行“竞争”的重要资源。

建立特色档案信息数据库是网络环境下档案信息资源组织的重要方式，档案部门应该本着资源共享的原则，建立分工有序、特色鲜明的档案信息专题数据库，满足人们的利用与查询需要，同时提高利用效率与用户利用效益。在建设特色档案信息数据库的过程中，必须处理好广度与深度、大众与特色之间的关系。

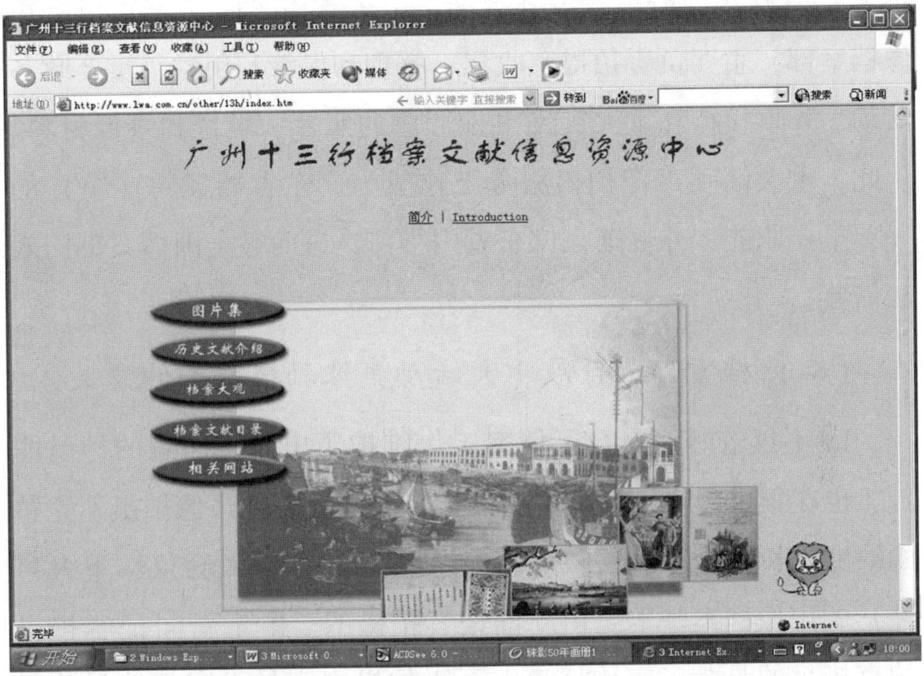

广州市荔湾区档案局（馆）网上专题档案信息

五、开展重大活动声像拍摄工作

（一）档案部门开展声像拍摄服务的发端

这里所说的重大活动（含重大会议、重大事件）声像拍摄服务，是指在有地方党政领导（尤其是主要领导）参与的活动中，当地档案部门派专业人员跟随领导进行照片和录像拍摄，同时将所拍摄的照片和录像作为馆藏的组成部分，提前收集进馆保存，并直接为领导、中心工作及社会提供服务的一项工作。

广东档案部门在全国档案系统最先开展了重大活动声像拍摄服务工作。早在 1988 年，广东省档案局（馆）就派人对全省人大会议进行了声像拍摄服务，并一直坚持下来，且服务范围逐步扩大。2000年经广东省编办批准，广东省档案局（馆）设立声像档案部，主要负责拍摄、收集、整理和保管利用省级重要政务活动、外事接待和重大突发事件形成的照片、录音和录像材料。从此，重大活动声像拍摄服务工作成为广东省档案局（馆）的一项重要职能，并逐渐在广东省内推广，进而被全国档案部门效法借鉴。

（二）档案部门开展重大活动声像拍摄服务的意义

1. 不仅较好地履行了档案工作维护历史真实面貌的神圣职责，也在很大程度上弥补了新闻记者对重大事件声像拍摄不完整的缺憾。长期以来，反映各地重大活动（含重大会议、重大事件）的声像档案基本是由新闻记者拍摄的。由于新闻记者拍摄的直接目的是为了宣传报道，至于拍摄内容是否完整地反映了事情的全过程，拍摄的照片、底片、录音带、录像带是否应该归档，往往考虑的很少，客观上造成收集归档难，从而造成了重大活动、重要事件现场影像散失乃至缺失的局面。档案工作是维护党和国家历史真实面貌的一项重要工作，如果档案工作者将档案工作的触角往前延伸，从单纯收集保存声像档案，到拿起照相机、摄像机、录音机直接拍摄形成声像材料，不仅能较好地履行档案工作维护历史真实面貌的神圣职责，对于保证声像档案真实、准确和完整地反映重大活动，也将起到十分积极的作用。

2. 充分体现了档案工作服务党和政府中心工作的作用，可以发挥档案部门作为历史重大事件“见证人”的作用。由于重大活动声像拍摄工作贴近党和政府的中心工作，直接为中心工作服务，这就不仅使档案部门成为党和政府中心工作的服务者，而且，由于声像档案记录和反映了重大活动的过程，使得档案部门客观上成为了这些重大活动的“见证人”和“公证人”，这对于发挥档案工作作用、提升档案工作地位也具有重大意义。

3. 可以充分展示档案人的形象，提高社会档案意识。档案部门从幕后走到台前参与重大活动声像拍摄后，大大增加了档案工作者的“曝光率”。一些地方的档案工作者在参加重大活动声像拍摄时，还特意穿上印有“某某市档案局（馆）”或“某地档案”等字样的专门服装，这种流动的“广告”，领导看得见，各部门看得见，人民群众看得见。久而久之，对于宣传档案工作，提高社会档案意识尤其是领导的档案意识，可起到“润物细无声”的效果。广东、深圳等地档案部门的实践证明，开展声像拍摄服务，对于促进档案事业的发展具有十分重要的意义。

（三）档案部门开展声像拍摄服务的主要做法

1. 党委政府或编制部门正式发文，明确档案局（馆）开展重大活动声像拍摄的职责。如深圳市市委办公厅和市政府办公厅在批转深圳市档案局馆《关于加强我市荣誉档案，声像档案管理的意见》中明确要求：“为了确保我市重大接待活动的照片齐全完整，今后凡有市委、市人大、市政府、市政协领导参加的一级外事接待、二级以上内事接待，由接待承办单位通知市档案馆派出专人进行摄影。”

2. 设立专门机构，配备专门人员开展重大活动声像拍摄工作。在广东，除省档案局（馆）设立了声像档案部外，各地档案部门也相继设立了一批专门从事重大活动声像拍摄工作的机构，为声像拍摄工作提供了组织和人、财、物等方面的保证。

3. 通过党委政府正式发文，规范声像拍摄工作。广东省办公厅、省政府办公厅于2000年8月给广东省档案局馆发文，对声像拍摄工作进行了规范：（1）党中央、国务院领导同志在粤重要活动，省委、省政府主要领导同志的重要政务活动，省委、省政府召开的重要会议和举办的重大活动等，可通知省档案馆拍摄照片资料存档。（2）党中央、国务院领导同志在粤重要活动，省委、省政府重要政务活动的录像、录音、拍摄照片工作如指定省电视台、南方日报社等媒体负责拍摄的，在活动结束后，电视台、报社等单位要移交一套给省档案馆保存。（3）今后凡需要省档案馆负责拍摄照片的活动，由省委办公厅、省政府办公厅通知省档案馆参加。

在具体实施拍摄工作时，要根据活动的性质、活动时间的长短、活动在户内户外的不同情况准备相应的摄影器材；对短时间的会议，既要拍好主席台上发言的人物，同时要注意会议主题横幅的取舍；对会期较长的会议，如人代会、政协会等，除了主会场主席台人物等主景的拍摄外，还要注意分会场、分组讨论会现场的拍摄，力求反映会议过程全貌；对领导下乡调研考察工作活动的拍摄，要善于抓住领导与群众在一起的鲜活场面。在做好拍摄工作的同时，还应注意做好声像档案资源的利用工作。如通过相应的渠道，在第一时间将重要照片上传给有关领导；通过制作相册、相框照片等形式及时向各级领导、有关人士和来访外宾赠送照片；根据需要，在履行必要的手续后，向各部门和社会各界及时提供照片档案服务。

六、开展有社会公众直接参与的相关服务活动

目前，各级档案馆开展的有社会公众广泛参与的活动不少，有些已经实现常态化，如广东省档案馆的各种展览、公益讲座、公众开放日等。

（一）档案馆的公众开放日

公众开放日是政府组织、机构、企业事业单位为了向大众介绍职能、展示成果、普及知识而设立的特殊工作日。

随着档案馆服务设施的不断完善和服务方法的不断改进，档案馆为社会服务的功能也得到不断的加强。2006 年 2 月，国家档案局在广东召开了全国档案馆拓展社会服务功能座谈会，肯定了广东档案部门为公众服务所做出的努力。2006 年 12 月 15 日广东省档案馆首次举办旨在揭开档案馆的神秘面纱，让公众直面档案馆馆藏及档案工作业务流程，增强社会档案意识的“公众开放日”活动，并将今后的“公众开放日”定于每月的第二个星期五。这一举措随后被国内各级档案馆效仿，到 2016 年底，全国县级以上国家综合档案馆均设定了自己的档案开放日，目前，每年定期开展档案开放日活动已成为各级档案馆面向社会集中开展宣传与服务的一种固定模式。

档案馆的“公众开放日”与博物馆举办的开放日是有区别的，博物馆开放日的重点是“免费”，其他的内容与非开放日差不多；档案馆的各类展览平日已经是免费的，“公众开放日”的重点，在于向公众开放档案工作和档案典藏的场所，同时配以相关的专题咨询与讲座等活动。以广东省档案馆为例，在“公众

开放日”活动当天，公众凭合法证件可参观省档案馆平时不对外开放的业务工作场所，包括档案保管库房、档案的消毒、灭虫、复制、修复、缩微、修裱等工作环节和档案保护设施等，还可以参观平时难得一见的特藏档案。

档案馆举办“公众开放日”，并使之公开化和机制化，意义在于：开放不仅可以使档案利用者、普通群众深入了解档案及档案工作，从不同角度对档案馆的长远发展提出意见、建议和监督，提升档案部门的社会亲和力和公众信任度，还可借此机会向公众推介各种馆内展览及其他服务措施，向民间征集档案史料，从而提升档案馆的整体公共服务水平。

（二）文化公益讲座

举办有影响的文化讲座已成为各大文化机构近年来努力追求的一个目标。这些讲座都以社会大众为听众，在公共场所举办，邀请有一定知名度的专家学者为主讲人，并选择主流媒体作为合作单位加以推广，以增加号召力，扩大影响力。央视《百家讲坛》、凤凰卫视《世纪大讲堂》就是公益文化讲座的成功范例。

档案馆面向社会大众举办公益文化讲座的历史不长，由广东省档案馆与孙中山基金会联袂举办的“名人名家讲堂”始办于2007年，与“岭南大讲堂”、“羊城学堂”并称广州“三大公益讲座”。“名人名家讲堂”邀请国内各界专家、学者，就中国文化特别是广东地方文化以及社会时政热点等问题展开演讲和讨论。自开讲以来，先后邀请了马鼎盛、张磊、马明达、任剑涛、雷铎等一大批著名专家学者和社会知名人士前来作专题报告，主题涉及经济、文化、宗教、艺术、教育等各个领域，在社会上引起了强烈反响。上海市档案馆依托上海市委宣传部、上海市社会科学界联合会创设的“东方讲坛”品牌，利用档案馆的人才、资源优势，在上海市档案馆外滩分馆举办“东方讲坛”，使该讲坛打上了深深的档案烙印，成为上海学术界的王牌节目。

2007 年 3 月 9 日广东省档案馆举办的第一期“岭南名人名家文化讲坛”现场。图为凤凰卫视主持人、中山大学历史系客座研究员、台湾研究所顾问马鼎盛先生作学术报告。

档案部门要办好一个系列文化公益讲座，必须注意以下几点：

1. 要充分利用档案馆自身优势，搭建文化资源共享平台，活跃广大群众的精神文化生活。如广东省档案馆，馆内设立了名人档案库，与名人、名人家属、名人研究者以及热衷名人报道的媒体建立了密切的联系，有条件利用这个丰富的文化资源，为大众长期举办公益文化讲座。每月举办一次的讲座，可以形成自己的风格，吸引和拥有了一批稳定的听众，在众多讲座中确立了自身的特色，为广州甚至珠三角地区开辟了一处新的文化活动场所。

2. 讲座主题既要结合馆藏的名人档案资源，又要考虑社会热点和大众的需求，在丰富多样中力求新意和深度。大众文化讲座要挑选大众关注的话题，以名人名家为主讲人，以演讲、对话、交流、咨询等现场互动方式来开展。作为公益讲座，从开始策划时就要考虑，讲座不仅要免费，所提供的内容还要货真价实。在主题的选择上，既要考虑档案文化的特色，又要把眼光放开，广泛关注市民的精神文化需求，聚焦时政的热点。所选定的主讲人，不但要与馆藏研究有关，同时也要在社会上拥有一定知名度、影响力，并且还是某一领域的权威。

3. 要做好讲座预告和后续宣传工作。举办讲座作为档案部门的公益活动，虽然有内容资源、硬件资源的优势，但也要注意与媒体合作，做好讲座预告和后续宣传工作。

（三）其他相关活动

为了充分发挥档案馆的资源优势和特色，除展览、讲座之外，还可以有目的地组织开展适合社会大众特点的多种活动，有些活动亦可结合公众开放日活动穿插进行。这些活动可以根据各自的条件，以相关研究成果为依据，结合馆藏或展览内容来确定主题，聘请相应的专家、学者主讲，或组织互动活动。比较受大众欢迎的有专题纪念座谈会、档案图书出版首发式、民间收藏鉴定、捐赠档案史料表彰活动等。

本章思考题：

1. 档案服务的基本定位是什么？
2. 档案服务的措施方法有哪些？
3. “两个体系”建设的内容要点是什么？
4. 开展档案信息编研有何意义？
5. 如何选择档案信息编研的题目？
6. 档案文献汇编与档案参考资料有何异同？
7. 档案馆开展政府信息查阅服务的依据是什么？
8. 档案馆爱国主义教育基地有哪些活动形式？